〔日〕中野·詹姆士·修一——著

李中芳——译

跑步吧

开始

天津出版传媒集团

天津科学技术出版社

经授权，北京快读文化传媒有限公司拥有本书的中文简体字版权

天津市版权登记号：图字02-2023-147号

图书在版编目（CIP）数据

开始跑步吧 /（日）中野·詹姆士·修一著；李中
芳译 . -- 天津：天津科学技术出版社，2024.5(2025.2 重印)

ISBN 978-7-5742-1957-1

Ⅰ . ①开… Ⅱ . ①中… ②李… Ⅲ . ①跑—健身运动

Ⅳ . ① G822

中国国家版本馆 CIP 数据核字 (2024) 第 070032 号

开始跑步吧

KAISHI PAOBU BA

责任编辑：陶　雨

责任印制：兰　毅

出　　版：天津出版传媒集团
　　　　　天津科学技术出版社

地　　址：天津市西康路35号

邮　　编：300051

电　　话：(022)23332400

网　　址：www.tjkjcbs.com.cn

发　　行：新华书店经销

印　　刷：天津联城印刷有限公司

开本 880×1 230　1/32　印张 5.25　字数 96 000

2025年2月第1版第2次印刷

定价：58.00元

过去，很多人都觉得跑步是一项既辛苦又传统的运动，有些人甚至只在学生时代参加社团或者体育比赛时才有过跑步的经历。但现如今，人们越来越重视健康的生活方式，对跑步也有了新的定义：跑步是生活中最易实现的高效有氧运动之一。因此，越来越多的人为了强健体质或减肥塑形而开始尝试跑步这项运动。

这本书适用于想要加入跑步行列的新手跑者和志在参与业余体育赛事的选手们。我希望可以通过本书帮助大家在适度且愉快的跑步中不断进步。此外，与其他跑步指南略有不同的是，我在书中着重介绍了跑步的时机，我始终认为跑步的效果和时机密切相关。因此，只要明确跑步的目的，就能激发跑步的动力，并长期坚持下去。当你看到跑步带来的成效之后，就会越来越享受跑步的过程。

我衷心地希望这本书能让更多的朋友体会到跑步的乐趣和奇妙之处。

中野·詹姆士·修一

目录

第1章 跑步"第一步"

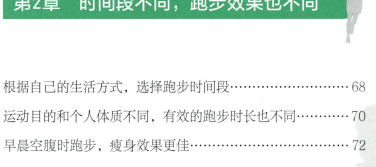

第2章 时间段不同，跑步效果也不同

第3章　如何跑得更远、更久

第 1 章

跑步"第一步"

跑步为什么对身体有益

养成每周运动2次的习惯，能够有效降低患
生活方式病的风险

　　想必大家经常听到"为了身体健康，一定要多运动"的说
法。的确，运动与健康正相关是一个不争的事实。

　　有研究表明：经常运动的人会比没有运动习惯的人罹患糖
尿病或原发性高血压等生活方式病的风险低。

　　我们在这里说到的"运动习惯"是指每次运动30分钟以
上，每周运动2次以上的中强度运动，并能坚持1年以上。

　　很多人整日忙于工作，很难抽出时间运动。而适合这类人
群的运动项目莫过于跑步。跑步无须特意去健身房，也无须专
门寻找搭档。

　　跑步是一项可以随时开始，并能独自完成的、轻松易行的
运动。

预防生活方式病，保持身体健康

与没有运动习惯的人相比，
坚持运动的人罹患生活方式病的风险更低！

预防和改善
原发性高血压

改善血管内皮功能，
有效降低血压。

预防和
改善血脂异常症

分解甘油三酯，使身体
更易产生高密度脂蛋白
胆固醇（HDL-C）。

运动习惯

预防和
改善肥胖症

促进能量代谢，使
脂肪更易燃烧。

预防和
改善糖尿病

增强胰岛功能，有效
抑制血糖升高。

没有场地
限制!

不依赖
装备!

可以随时开始、
独自完成的运动
非跑步莫属!

无须寻找
搭档!

跑步中途太累可改为步行，成功贵在坚持

设定目标需要循序渐进，享受运动的快乐

当很多过去没有运动习惯的人为了健康或瘦身，信心百倍地加入跑步行列中时，他们很快会觉得辛苦并难以坚持下去。新手一开始很难连续跑几十分钟，这是正常的。这部分人大多肌肉力量不足，难以支撑长时间的跑步。如果勉强自己跑下去，反而会给下肢带来负担，增加受伤风险。因此，我想给准备或者刚刚加入跑步行列的朋友们一点建议，那就是——跑步中途觉着太累可改为步行。

只要一直坚持，就一定能看到运动给身体带来的好处，而坚持一件事需要充分的动力。我们只有体会到跑步的快乐，才更容易坚持下去。因此，刚开始跑步时要适当降低对自己的要求，先享受运动带给我们的乐趣。

对跑步新手而言，要先设定一个稍微努力就能实现的目标，这样才更能体会到运动的乐趣。比如，最初跑某段路程需用时10分钟，那么下一次就可以稍微加快脚步，争取缩短10秒，正因为可以不断体会这种小小的成功，我们才会越来越有动力坚持运动。

坚持下去的关键在于不勉强自己

勉强跑

好吃力，
但必须咬牙坚持！

好吃力啊……

不想跑了……

实在受不了了……

我太累了……

腿好疼……

要不我还是
放弃吧……

跑 步 →

缺乏动力

不勉强自己，中途改为步行

好吃力啊！

还是走
一会儿吧！

休息得差不多了，
继续跑起来！

虽然有些累，
但跑得很爽！

跑 步　步 行　跑 步 →

动力十足

刚开始跑步时，即便步行的距离很长也无须在意。
保持这种"想要继续跑下去"的心态并形成习惯后，
体力所能承受的跑步距离自然会慢慢增加。

5

步行、慢跑、快跑，循序渐进

注意步幅和呼吸，从步行开始

　　虽然我在前文中提到如果中途跑得辛苦，也可改为步行。但对于完全没有运动习惯的人来说，光是跑起来就会觉得吃力。这种情况下，我们也不要勉强自己，直接从步行开始吧。

　　散步和步行的不同之处在于步幅和呼吸。步行的步幅更大，一步的长度约等于身高的45%。增大步幅后，步行速度自然会提高，并会有轻微喘息，这和散步是不同的。我们这时需要注意一点，不要走得喘不上气。如果用主观感受来评估此刻的运动强度，那应该是"稍微感到吃力"，这时我们虽然呼吸有些急促，但还能微笑着和人聊天。

　　按照上述节奏坚持步行，人的耐力就会不断增强，步行速度也会逐渐提高。当步行速度达到某个节点时，就会感觉到缓步跑或许要比继续步行更舒服。一般来说，这个节点是步速7 km/h。达到这个节点后，建议大家开始缓步跑起来，也就是慢跑，但不必过多提速，可以把慢跑看作步行的延伸，速度达到7~8 km/h就可以了，慢慢适应这种跑起来的感觉。

首先从步行和慢跑开始

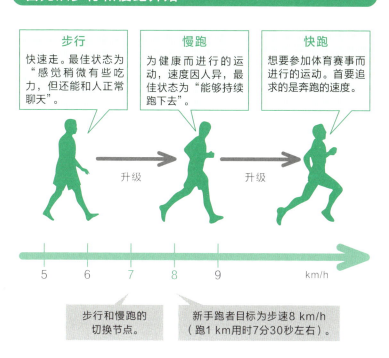

步行

快速走。最佳状态为"感觉稍微有些吃力，但还能和人正常聊天"。

慢跑

为健康而进行的运动，速度因人异，最佳状态为"能够持续跑下去"。

快跑

想要参加体育赛事而进行的运动。首要追求的是奔跑的速度。

升级　　升级

5　6　7　8　9　km/h

步行和慢跑的切换节点。

新手跑者目标为步速8 km/h（跑1 km用时7分30秒左右）。

●人主观感受的运动强度

20	
19	非常吃力
18	
17	很吃力
16	
15	吃力
14	
13	稍微有些吃力
12	
11	轻松
10	
9	很轻松
8	
7	非常轻松
6	

散步的理想运动强度为9，而步行则为13。

步行小窍门
正确的姿势能够提高运动的效果

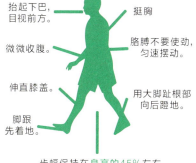

抬起下巴，目视前方。

挺胸

微微收腹。

胳膊不要使劲，匀速摆动。

伸直膝盖。

用大脚趾根部向后蹬地。

脚跟先着地。

步幅保持在身高的45%左右

7

同时规划短距离和长距离两种跑程

状态不好时，选择短距离跑

想要养成跑步的习惯，确定跑程十分重要。一般来说，我们首先要将跑步的起点和终点都设定为自己家，然后一定要同时规划短距离和长距离两种跑程，比如可以分别设定2 km和4 km跑程。

如果只设定长距离跑程，我们很容易给自己找到偷懒的借口："今天有点累，要不还是别跑了吧。"但是如果同时设定了短距离跑程，我们就可以对自己说："今天有点累，那就跑个短程吧。"正如前文提到的"跑步中途太累可改为步行"一样，选择跑程时也可以适当降低对自己的要求。

此外，如果附近有公园、散步道、河畔等非常适合跑步的地方，一定要将这些地方划入自己的跑步路线内。因为在商业区或住宅区跑步，还需要考虑夜间光照条件和交通等情况。选择一条安全的路线十分重要。

最好选择信号灯少的路段作为跑步路线。不过，即便因红灯不得不停下来，运动效果也不会受到很大影响。此外，适量上下台阶对腰腿锻炼有好处，经过马路时建议选择天桥而非人行横道，这样跑步效果会更好。

如何选择跑程，才能让自己始终保持对跑步的热情？

在跑程中加入一两处地势起伏的路段
设定跑程时，尽量不要全部选择地势平坦的路段，而要加入一两处坡道作为锻炼重点。针对上坡路和下坡路的跑步方法请参照后文第138页。

将起点和终点都设定为自己家
这是确定跑程的基本思路，简单来说就是设定一条以自己家为起点，最终可以跑回家的路线。

同时规划短距离和长距离两种跑程
同时规划短距离和长距离两种跑程，比如可以设定"1 km和3 km"或"2 km和4 km"这样的组合，并且尽量让两种跑程所经路线的前半段重合，这样中途方便根据身体状况随时切换跑程。

今天状态很不错，不如跑长距离吧！

根据身体状况来选择跑程。

新手需要坚持每天跑步吗？

与连跑2天相比，隔几天跑1次的运动效果更好，也更不容易感到疲惫。新手跑步的频率可以设定为"每周2次，每次30分钟"。如果工作繁忙，只有周末有时间跑步，建议平日下班通勤提前下车，然后步行回家。

最初的1个月里，坚持每周2次，每次"步行+跑步"30分钟。

不要连跑2天或以上，而要隔几天跑1次。

详细的跑步攻略请参照后文第132页。

周日	🏃
周一	休息
周二	休息
周三	🏃
周四	休息
周五	休息
周六	休息

什么样的跑鞋更好

球鞋和运动鞋的减震效果不够好

跑步的一大优点就是只要下定决心，随时都可以开始。不过，需要我们引起注意的是，穿球鞋或运动鞋跑步可能会增加受伤的风险。

研究表明：当我们跑步时，脚每次着地，都会承受大约3倍体重的冲击。一般来说，球鞋和运动鞋的减震效果不够好，可能会导致我们的关节或肌肉疼痛。跑步原本是为了强身健体，如果因为跑步而受伤，那就本末倒置了。因此，跑步时一定要穿专业跑鞋。

挑选跑鞋时，建议到专门出售此类产品的实体店购买。这样才能挑选到合脚的跑鞋。在实体店里，店员可以帮助我们测量脚长，并推荐更合适的产品，而且现场试穿也更容易让人选到最适合自己的跑鞋。此外，近几年十分流行厚底跑鞋，但其中一些款式连跑步达人都认为不舒服。因此，如果你喜欢厚底的跑鞋，一定要咨询店员，再选择适合新手的款式。我会从下一页开始向大家介绍一些挑选跑鞋的具体方法与细节。

挑选跑鞋的注意事项

正好合脚
太大或太小都不好，要选择正好合脚的尺码。

稳定性好
能对脚部起到支撑作用，防止跑步时脚来回晃动，稳固身体重心。

抓地力好
奔跑时牢牢地抓住地面，能产生更大的推进力。

减震效果好
缓和脚着地时受到的冲击，减轻脚底和膝盖等部位的负担。

跑步新手切勿选择轻便跑鞋，容易受伤！

很多在设计上追求轻便的跑鞋都将减震效果降到最低，是更适合跑步达人的产品。但是对于肌肉力量尚不足以应对跑步的新手而言，选择跑鞋时要优先考虑减震效果好的跑鞋。

> 脚每次着地，都要承受3倍体重的冲击！

新手的肌肉力量还没有积累充足，因此，选择跑鞋时要更注重减震效果，而非轻便性。

跑鞋的正确穿法

系鞋带时，从脚趾处开始，越往脚踝处鞋带系得越松。

系得松些

稍微系紧些

跑鞋能将整只脚完全包裹住就说明很合脚。

脚后跟与后鞋帮牢牢贴合。

跑鞋的正确穿法

①将脚伸进鞋时鞋带是松的。

②脚进入鞋内后，用脚后跟轻踩鞋底，确保整只脚都在鞋内，脚后跟完全收进后鞋帮里。

③调整鞋带的松紧。脚趾处的鞋带稍微系紧些，越往脚踝处鞋带系得越松，打结处的鞋带系得最松。

④跑鞋能将整只脚完全包裹起来，说明跑鞋很合适。

鞋带系得太松或太紧，都容易受伤！

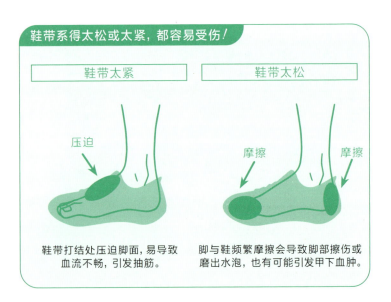

鞋带太紧

压迫

鞋带太松

摩擦   摩擦

鞋带打结处压迫脚面，易导致血流不畅，引发抽筋。

脚与鞋频繁摩擦会导致脚部擦伤或磨出水泡，也有可能引发甲下血肿。

不只跑鞋，选择合适的袜子也很重要

跑步专用袜

透气性好。有厚款、薄款和二趾袜等多种款式。

大家平日穿的袜子透气性都不够好，不适合跑步时穿，因此很有必要挑选一双跑步专用袜，这种袜子不仅透气性好，还具有支撑足弓和防滑等多种功能。

平日穿的袜子

容易磨脚或者导致脚出汗，极大地影响跑鞋对脚部的保护效果。

脚趾无法贴合地面，会增加受伤风险，应当引起足够重视！

如果站立时脚趾无法贴合地面，那么跑步时整只脚就无法正确着力，很容易受伤，应当引起重视！尖头皮鞋或船鞋容易压迫脚趾，经常穿这类鞋的人易出现脚趾无法贴地的情况。因此，平时挑选鞋时也需要格外注意。另外，在洗澡时多做脚趾的伸展和抓放等运动可以有效缓解这种情况。

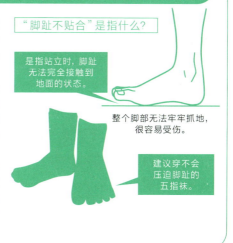

"脚趾不贴合"是指什么？

是指站立时，脚趾无法完全接触到地面的状态。

整个脚部无法牢牢抓地，很容易受伤。

建议穿不会压迫脚趾的五指袜。

如何挑选舒适的四季跑步服装

跑步时建议穿速干性和伸缩性好的服装

跑步时应该尽量穿着方便运动的服装。**服装所用面料的吸汗性和速干性的优良程度，会极大地影响人体穿着舒适度。**

比如，常用棉质面料的休闲服就不适合跑步时穿。因为这种服装不容易干，吸汗后会变重、紧贴身体，让人不舒服。而且湿了的衣服容易使人受凉，喜欢在跑程最后1 km放慢节奏步行的人，尤其不适合穿棉质的服装。我建议大家挑选吸汗性和速干性优良的功能性面料，如聚酯纤维等制成的服装。

如果你比较注重面料的伸缩性和轻量性，建议挑选跑步专用服装。不过，由于跑步专用服装的功能性强，价格也就更高，备齐四季跑步服装的开销较大。

习惯于夜跑的朋友，还要注意服装的颜色。穿着黑色或红色的服装很难在黑夜的路上被看到，容易发生危险。因此，夜跑时请尽量选择白色或黄色等颜色较鲜亮的服装。此外，佩戴反光材料或LED灯手环，安全效果更佳。

挑选春秋跑步服装的注意事项

长袖拉链上衣
建议挑选薄款的尼龙套头衫或运动衫等易穿脱的长袖拉链上衣。

能快速穿脱的薄款上衣非常方便
春秋两季气候宜人的天气比较多，可以根据当天的天气状况来选择衣服的袖长、衣长和薄厚。春秋两季昼夜温差较大，可以随身携带一件穿脱方便的上衣以备不时之需。我建议大家选择薄款且伸缩性好的尼龙套头衫。

短裤
如果觉得冷，也可穿长裤。不过短裤不会妨碍下肢的伸展，更适合跑步时穿。

跑步时选择什么样的口罩？

春秋正值花粉季，也是容易感冒的季节，因此越来越多的人会在跑步时佩戴口罩。我建议大家选择运动口罩，它们不但能减少飞沫扩散和花粉吸入，还使用了能保证人们呼吸通畅的过滤网，在不妨碍大家畅快呼吸的情况下可以有效保证健康。

运动口罩不但能减少飞沫扩散和花粉吸入，还能确保呼吸通畅。

挑选夏季跑步服装的注意事项

棒球帽
这是预防中暑的必备品。它可以避免头部受到太阳光直射，从而调节人体体感温度。

太阳镜
保护眼睛免受紫外线的伤害，并减少紫外线对人体内维生素C的破坏。

T恤
透气性优良的T恤能有效保护人们皮肤免受日光伤害。

透气性优良的服装能迅速散热
夏季气温高、光照强，建议大家上下身都穿能吸汗、速干性和透气性优良的服装。透气性不好的服装会使人体内散发的热气难以排出体外，长此以往对人体有害。除此之外，我们也可以挑选有凉感功能的服装。

短裤
建议穿比春秋两季服装更薄、透气性优良的短裤。

夏季跑步时要预防中暑！

夏季跑步一定要谨防中暑。佩戴棒球帽可以避免阳光直射，也可以将毛巾用冷水浸湿后卷在脖子上来降温。此外，我们跑步时要随身携带水壶，及时给身体补水，并提前查看跑步经过的公园等地点是否可以补充饮用水。

将毛巾用冷水浸湿，卷在脖子上，利用汽化吸热原理为身体降温。

挑选冬季跑步服装的注意事项

防风服

冬天建议穿有优良防水功能的防风服。有些款式可将脱下的防风服固定在腰部的系带上，同样很方便。

天冷时也不宜裹得太严实

冬季跑步时要戴好手套、脖套等防寒用品，注意全身保暖。不过，跑一会儿之后身体就会慢慢热起来，因此，应该穿比日常稍薄一点的衣服。此外，如果外衣的透湿性较差，出汗后会感到很闷，所以穿衣时要注意薄厚搭配。

长裤

跑步时穿的裤子可以比上半身的服装薄一点。如果追求跑步时的舒适感，也可以在里面穿一条紧身裤，再在外面套短裤。

注意身体核心部位不要受凉

虽然很多人在冬季容易手脚冰凉，但我却不推荐戴两副手套或穿两双袜子的搭配。因为手脚束得太紧，会影响人体血液循环。只要做好身体核心部位的保暖，血流就容易输送至身体末端，手脚也会随之变暖。

腹带可以给内脏保暖。

羽绒背心可以维持体温。

对于跑步新手而言，拉伸运动比肌肉训练更有效

拉伸运动可以增强肌肉的柔韧性

由于肌肉力量不足，新手跑一会儿就会感觉累。针对这个问题，有些教练可能会建议在跑步之外加强肌肉训练。而我却认为应该更重视拉伸运动，而非肌肉训练。

人的身体缺乏锻炼会变得僵硬，肌肉没有了柔韧性，就很难做到充分拉伸。由于运动时人体需要调动更多的肌肉进行伸展和收缩，如果肌肉拉伸能力差，人就容易感到疲乏。因此，只有肌肉的柔韧性好，跑步时的疲劳感才能相应减轻。

增强肌肉柔韧性的方法中，最有效的莫过于拉伸运动。拉伸运动分为运动之前做的动态拉伸和运动之后做的静态拉伸。这两种拉伸方式都有让肌肉变柔韧的作用，而且运动之后做静态拉伸的效果更好。因此柔韧性不足的人一定要做好静态拉伸（参照后文第30页开始的柔韧性测试）。

此外，从第20页开始，我将向大家介绍动态拉伸。动态拉伸可以让肌肉有节奏地活动起来，从而提高动作的灵活性并同时预防关节炎。在跑步前做动态拉伸可以有效避免受伤。

肌肉柔韧性好的人不容易感到疲惫

肌肉缺乏柔韧性， 很难充分拉伸。	肌肉柔韧性好， 容易拉伸。

好吃力

运动量大时，
需要调动更多的肌肉。

容易累

非常轻松

即便运动量很大，也能轻松
应对，让肌肉充分活动起来。

不容易累

对于缺乏锻炼的人或跑步新手而言，
做拉伸运动以增强肌肉的柔韧性比强化肌肉更重要！

拉伸运动分为动态和静态两种

动态拉伸，是跑步前
的热身运动。

静态拉伸，是跑步后
的放松运动。

参见第20页至第27页跑步前的动
态拉伸。

参见第39页至第49页跑步后的静
态拉伸。

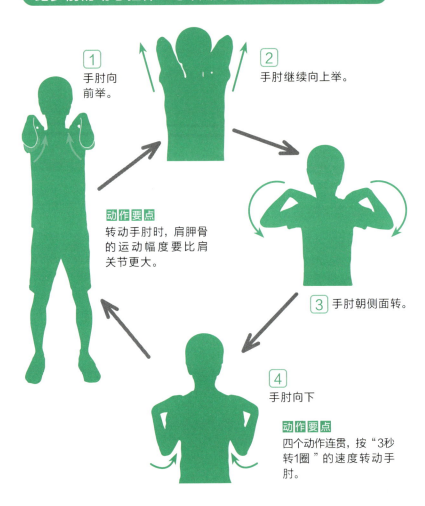

1 手肘向前举。

2 手肘继续向上举。

动作要点
转动手肘时，肩胛骨的运动幅度要比肩关节更大。

3 手肘朝侧面转。

4 手肘向下

动作要点
四个动作连贯，按"3秒转1圈"的速度转动手肘。

站立时双脚与肩同宽，用双手指尖触碰肩部。以肩部为中心，按照"前→上→侧→下"的顺序，轻盈地转动手肘。按"3秒转1圈"的速度转动手肘20次后，再以反方向（下→侧→上→前），有节奏地转动手肘20次。

练习次数
正反方向
各**20**次

20

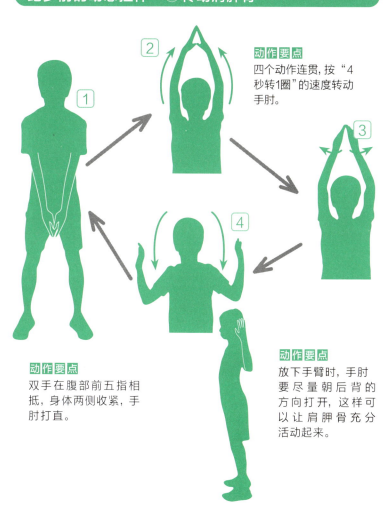

动作要点

四个动作连贯，按"4秒转1圈"的速度转动手肘。

动作要点

双手在腹部前五指相抵，身体两侧收紧，手肘打直。

动作要点

放下手臂时，手肘要尽量朝后背的方向打开，这样可以让肩胛骨充分活动起来。

站立时双脚与肩同宽，双手在腹部前五指相抵。五指保持相抵状态，伸至头顶。在最高处，手掌朝外，一边弯曲手肘，一边打开肩胛骨，同时放下手臂。按"4秒完成1圈"的速度有节奏地转动肩胛骨20次。

练习次数
20次

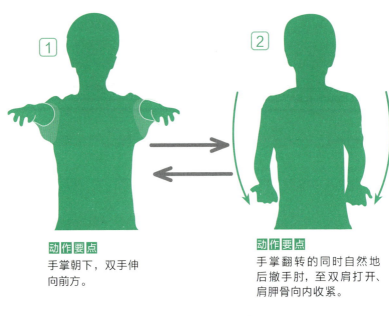

动作要点

手掌朝下，双手伸
向前方。

动作要点

手掌翻转的同时自然地
后撤手肘，至双肩打开、
肩胛骨向内收紧。

手掌朝下，双手伸向前方。把手
掌反过来的同时，身体两侧收
紧，双肘带动双手在同一水平高
度自然后撤，肩胛骨向内收，并
使双肩打开。然后放松，手掌再
次朝下并伸向前方。有节奏地重
复这个动作20次。

错误范例

如果手肘后撤不
足，肩胛骨不会向
内收紧，肩膀也会
松松垮垮，达不到
拉伸的效果。

熟练这个动作后

双臂能产生更多推力，
跑步就会变得更轻松！

练习次数

20次

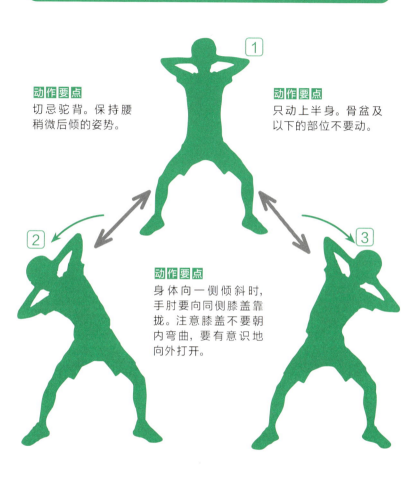

动作要点
切忌驼背。保持腰稍微后倾的姿势。

动作要点
只动上半身。骨盆及以下的部位不要动。

动作要点
身体向一侧倾斜时，手肘要向同侧膝盖靠拢。注意膝盖不要朝内弯曲，要有意识地向外打开。

分开双腿站立，双脚保持一大步的间距，弯曲双膝，脚尖朝外。双手在头后交叉，用嘴吐气，并将上肢向身体一侧倾斜。然后用鼻子吸气，并将上肢恢复到原来的位置。接着再用嘴吐气，将上肢向相反一侧倾斜。左右各倾斜1次，视为1次侧身运动，有节奏地重复这个动作20次。

练习次数
20次

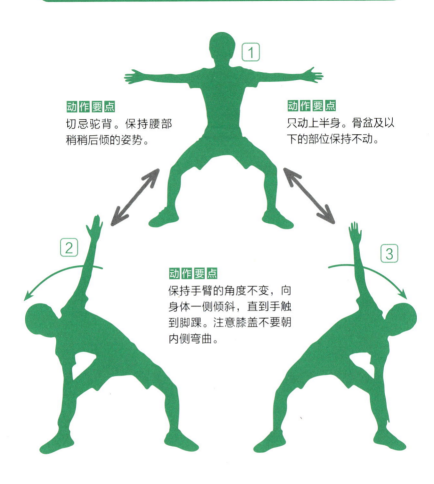

动作要点
切忌驼背。保持腰部稍稍后倾的姿势。

动作要点
只动上半身。骨盆及以下的部位保持不动。

动作要点
保持手臂的角度不变，向身体一侧倾斜，直到手触到脚踝。注意膝盖不要朝内侧弯曲。

分开双腿站立，两脚保持一大步的间距，弯曲双膝，脚尖朝外。两臂打开，平行于地面伸直，手掌朝前。保持手臂的角度不变，一边用嘴吐气，一边将上肢向身体一侧倾斜。然后用鼻子吸气，并将上肢恢复到原来的位置。接着再用嘴吐气，将上肢向相反一侧倾斜。左右各倾斜1次，视为1次侧身运动，有节奏地重复这个动作20次。

练习次数
20次

跑步前的动态拉伸 ⑥抬腿运动

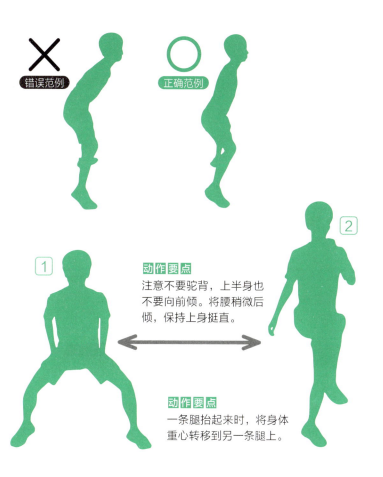

错误范例

正确范例

动作要点
注意不要驼背，上半身也
不要向前倾。将腰稍微后
倾，保持上身挺直。

动作要点
一条腿抬起来时，将身体
重心转移到另一条腿上。

分开双腿，双脚保持一大步的间距，弯曲双膝，脚尖朝外站立。将一侧腿抬起的同时，另一只脚蹬地并伸直膝盖，将身体重心转移到接触地面的腿上。然后将抬起的腿放下，恢复原来的姿势。有节奏地重复这个动作20次。然后再做另一侧腿，有节奏地重复20次。

练习次数
左右
各**20**次

25

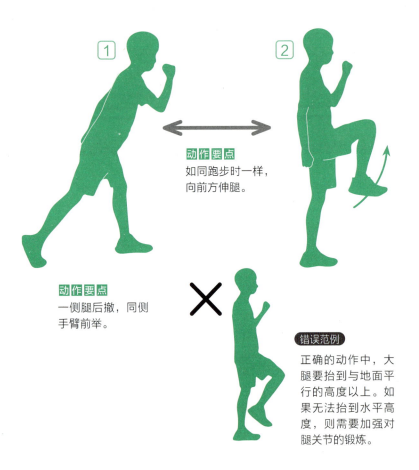

1

2

动作要点
如同跑步时一样，
向前方伸腿。

动作要点
一侧腿后撤，同侧
手臂前举。

×

错误范例

正确的动作中，大
腿要抬到与地面平
行的高度以上。如
果无法抬到水平高
度，则需要加强对
腿关节的锻炼。

双腿分开，与肩同宽，保持站立。然后将一侧
腿后撤一步，并将同侧手臂前举。后撤一侧的
脚尖抵地，并朝前抬起膝盖。这时，如同跑步
时一样，抬起膝盖的同时，将另一侧手臂前
举。有节奏地重复这个动作20次。然后再做另
一侧腿，同样重复20次。

练习次数
左右
各**20**次

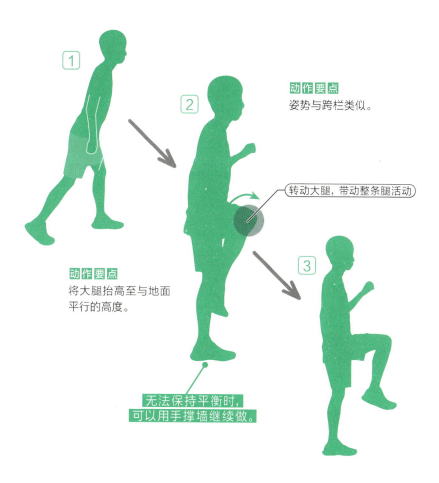

1

动作要点
姿势与跨栏类似。

转动大腿，带动整条腿活动

动作要点
将大腿抬高至与地面
平行的高度。

2

3

无法保持平衡时，
可以用手撑墙继续做。

双腿分开，与肩同宽，保持站立状态。将一侧腿后撤一小步。再将后撤一侧腿的膝盖转向外侧，同时朝侧面抬腿，将大腿抬到与地面平行的高度后，保持这一高度，由大腿带动整条腿向正前方转动。最后将腿收回原来的位置，复原站立状态。有节奏地重复这个动作20次。然后再抬起另一侧腿，有节奏地重复动作20次。

练习次数
左右
各**20**次

跑步之前需要清楚自己的身体状况

了解自己现阶段的肌肉力量和柔韧性

平时缺少锻炼的人，肌肉会慢慢退化。研究表明：没有运动习惯的人，从25岁开始，肌肉会平均每年减少0.75%，下肢肌肉的退化最为明显。人们如果对下肢肌肉的退化问题置之不理，将来罹患运动障碍综合征的风险就会大大增加，这种病症会让患者连日常行走都十分困难。下一页所展示的"站立测试"，是日本整形外科学会提出的"运动障碍综合征风险度测试"中针对肌肉力量的测试项目。如果你发现自己无法从椅子上站立起来，或者站起的过程中双腿摇摇晃晃，无法保持姿势，那么你可能就是运动障碍综合征的潜在患者，很可能不具备跑步所需的肌肉力量。

此外，我建议大家同时做第30页至第33页的"柔韧性测试"。缺少锻炼的人，臀部、大腿、小腿等下肢各部位的肌肉柔韧性都较差，同样无法满足跑步所需条件。不过，柔韧性过高也会有坏处。肌肉柔韧性过高，会影响关节的稳定性，并增加关节和韧带等部位的负担。

肌肉力量和柔韧性可以通过肌肉训练或拉伸运动加以改善。因此，不必勉强自己一开始就跑起来，不妨先坚持步行，循序渐进地锻炼身体。

站立测试，了解肌肉力量

①坐在椅子前1/2处。将双臂交叉放于胸前，一侧腿向前伸直。

②依靠另一侧腿的力量慢慢起立。测试自己是否能稳稳当当地靠单侧腿站起来。双腿都要检查。

> 若无法顺利站起身，说明还不具备跑步所需的肌肉力量。

●椅子高度

年龄	男性	女性
20—29岁	20 cm	30 cm
30—39岁	30 cm	40 cm
40—69岁	40 cm	40 cm

上表可以大致体现测试者是否具备某年龄段运动所需的肌肉力量。比如，如果40多岁的男性可以从30 cm高的椅子上站起身，他的下肢力量就相当于30多岁的男性。而无法站起身的人，说明肌肉已经退化，应当引起重视。注意，膝盖疼或腿部不适时，请不要进行这项测试。

动作要点

仰卧平躺，将一侧腿举高，膝盖不要打弯。

↓

将腿抬至与地面垂直的位置。

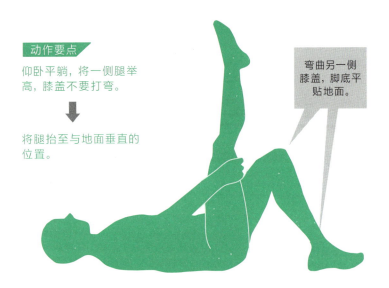

弯曲另一侧膝盖，脚底平贴地面。

错误范例 大腿肌腱柔韧性过高

轻松将腿抬至与地面大于90°的位置。

大腿肌腱柔韧性过高，腿关节缺乏稳定性，会增加关节的负担。

对策　练习第127页至第129页针对性强化训练，提高腿关节稳定性。

错误范例 大腿肌腱太过僵硬

很难将腿抬至与地面垂直的位置。

大腿肌腱太过僵硬，运动时容易拉伤。

对策　练习第43页的拉伸运动，增强肌肉柔韧性。

柔韧性测试 ②股四头肌

动作要点

身体俯卧，弯曲一侧膝盖，并用手抓住脚踝。

↓

在另一侧腿触地的情况下，能抓住屈膝一侧的脚踝即合格。

不要抬起上肢和胸部，保持俯卧状态。

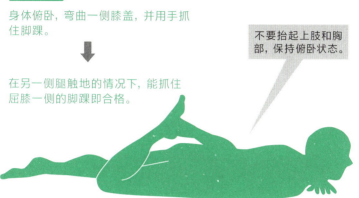

错误范例 股四头肌柔韧性过高

✕

仰卧弯曲双膝时，膝盖能紧贴地面。

股四头肌柔韧性过高，腿关节和膝盖则容易缺乏稳定性，会增加这些部位的负担。

对策 练习第127页至第129页针对性强化训练，提高腿关节和膝盖稳定性。

错误范例 股四头肌太过僵硬

✕

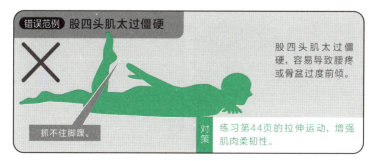

抓不住脚踝。

股四头肌太过僵硬，容易导致腰疼或骨盆过度前倾。

对策 练习第44页的拉伸运动，增强肌肉柔韧性。

柔韧性测试 ③臀大肌

动作要点

盘腿坐，然后用双手托起一侧
小腿举到与地面平行的位置。

↓

髋关节可屈曲至90°即可。

背部保持挺直，
上身不要前曲。

错误范例 臀大肌柔韧性过高

×

脚后跟被举到
下巴的高度。

臀大肌柔韧性过高，
腿关节缺乏稳定性，
会增加肌肉和关节的负担。

对策 练习第127页至第129页针对性强化
训练，提高腿关节和膝盖稳定性。

错误范例 臀大肌太过僵硬

×

小腿无法举
到与地面平
行的位置。

臀大肌太过僵硬，
会造成骨盆后倾，
容易引发腰疼。

对策 练习第39页的拉伸运动，增强肌
肉柔韧性。

柔韧性测试 ④小腿三头肌

动作要点 先直立，然后将身体弯折，双手撑在前方的地面上。 ➡ 膝盖不要打弯，脚后跟能接触地面即可。

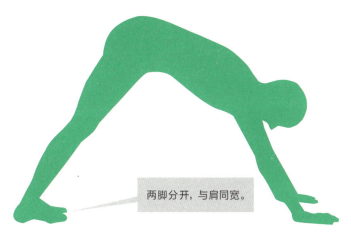

两脚分开，与肩同宽。

错误范例 小腿三头肌柔韧性过高

脚尖抵住一个物体的情况下能做到立位体前屈。

小腿三头肌柔韧性过高，脚关节缺乏稳定性，会增加肌肉和关节的负担。

对策 练习第127页至第129页针对性强化训练，提高腿关节和膝盖稳定性。

错误范例 小腿三头肌太过僵硬

双腿直立时脚后跟无法抵地，膝盖被迫弯曲。

小腿三头肌太过僵硬，在跑步时容易对膝盖以下的部位造成损伤。

对策 练习第46和第47页的拉伸运动，增强肌肉柔韧性。

33

无须特意纠正跑步姿势，首要的是改善身体状况

有效的跑步姿势因人而异

　　如果让我给跑步新手提建议，我一定会说："不要太在意跑步姿势。"很多人听到这句话可能会感到诧异，因为很多跑步指南都会把正确的跑步姿势作为入门基础进行讲解。

　　其实，有效的跑步姿势是因人而异的。这是因为每个人身体的骨骼构造、关节状况、肌肉含量和柔韧性都各不相同。人体能够根据自身状况，维持身体机能高效运转。

　　盲目地纠正跑步姿势，反而会降低身体的运转效率。尤其是跑步新手，在尚不完全具备跑步所需的肌肉力量和良好的柔韧性的情况下，如果刻意尝试一些跑步姿势，反而会给关节和肌肉造成不必要的负担，导致身体损伤。

　　因此，新手首要应该改善的不是跑步姿势，而是身体状况。只要坚持跑步，并在锻炼前后进行拉伸运动，肌肉力量不足和柔韧性差的问题就会逐步得到改善。在身体状态渐渐达到跑步所需条件的过程中，人体就会自然而然地形成适合自身的最佳跑步姿势。

身体状况得到改善后，就会逐渐形成最佳的跑步姿势

每个人的骨骼构造、肌肉量和柔韧性各不相同。因此，身体状况不同，适合自身的最佳跑步姿势也不同。

容易对身体造成伤害！

跑步新手勉强改变身体姿势，反而会降低跑步效果。

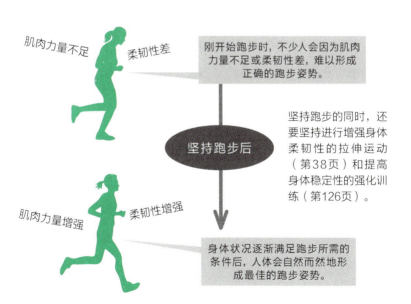

肌肉力量不足　柔韧性差

刚开始跑步时，不少人会因为肌肉力量不足或柔韧性差，难以形成正确的跑步姿势。

坚持跑步后

坚持跑步的同时，还要坚持进行增强身体柔韧性的拉伸运动（第38页）和提高身体稳定性的强化训练（第126页）。

肌肉力量增强　柔韧性增强

身体状况逐渐满足跑步所需的条件后，人体会自然而然地形成最佳的跑步姿势。

轻松应对腿抽筋

慢慢放松，慢慢拉伸

跑步的人经常会遇到腿抽筋的情况，通常是由肌肉的异常收缩导致的。因此，要让收缩的肌肉恢复到原来的状态，症状才能够得以缓解。

跑步时如果腿抽筋了，我们首先不要慌张，慢慢放松，然后缓慢拉伸抽筋部位的肌肉。一般来说，小腿肚抽筋的情况较多，小腿腓肠肌和比目鱼肌的拉伸方法请参考第37页图示。

在腿抽筋的情况下拉伸肌肉所需力道要比锻炼后的拉伸力道更柔、更慢一些。如果拉伸得太过猛烈，可能会导致症状恶化，甚至拉伤肌肉。

通常腿抽筋的原因包括肌肉疲劳、肌肉柔韧性不足等。做好运动后的静态拉伸可以缓解肌肉疲劳，增强肌肉的柔韧性。

此外，矿物质（钙、钾、镁等）摄入不足，或者水分补充不足，也容易导致腿抽筋。如果你很容易腿抽筋，跑步时建议把茶水或纯净水换成含有矿物质的运动饮料。

小腿肚抽筋时做静态拉伸

拉伸抽筋
的腿

拉伸小腿腓肠肌

①双手双脚着地，抬起没有抽筋的一侧腿。

②抽筋侧的脚后跟平贴地面，慢慢地伸直膝盖。

拉伸比目鱼肌

①单膝跪地，抽筋腿立起，没有抽筋的腿平放在地上，双手平贴于地面。

②抽筋侧的脚后跟平贴地面，然后用胸部抵住抽筋腿的膝盖，慢慢前倾。

不仅要预防腿抽筋，还要在恰当时机补水！

跑步时及时补水能够有效预防脱水或中暑。夏季跑步时人们的补水意识很高，但却不够重视冬季补水。如右表所示，寒冷天气时我们也不要忘记在跑步前后及时补水。

🧴 跑步前饮水量	
气温28℃以下	250 mL
气温28℃以上	500 mL

🥛 跑步中饮水量	
气温28℃以下	500 mL
气温28℃以上	1000 mL

切勿忘记！跑步后要做拉伸运动

运动后做拉伸，可以进一步提高肌肉柔韧性

我们已经知道，拉伸运动分为运动前的动态拉伸和运动后的静态拉伸两种。

人们在进行跑步或其他运动后，肌肉处于兴奋状态，有时会一直紧绷，而且容易疲劳，堆积乳酸。运动后做拉伸，能够让收缩的肌肉伸展，并有助于消除疲劳物质。

肌原纤维承担着肌肉收缩和舒张的功能，是由许多肌节连续排列而成的。如果养成做拉伸的习惯，坚持拉伸肌肉，我们的肌节就会慢慢增加。而随着肌节的增加，肌原纤维就会变长，也就是说，肌肉得到伸展，柔韧性也会得到提升。

人在运动后肌肉会出现收缩，但此时身体运转较快，更容易拉伸。越是身体僵硬的人，越要坚持运动后做拉伸，抓住这个提高肌肉柔韧性的好机会。

从下一页开始，我将向大家介绍对跑者非常重要的下肢静态拉伸方法，建议大家在跑步后都试一试。

跑步后的静态拉伸　①臀大肌

动作要点
背挺直。

动作要点
将小腿举到与地面平行的位置。

拉伸这个部位

错误范例　正确范例

①盘腿而坐，双手托起一侧小腿，将小腿举到与地面平行的位置。

②保持姿势，双手慢慢将小腿肚贴近胸前，拉伸30秒后，再按照同样的方法拉伸另一侧腿30秒。

把小腿贴近胸前时，切忌身体前倾。若背部呈拱形，则无法正确拉伸臀大肌。

拉伸秒数
左右
各30秒

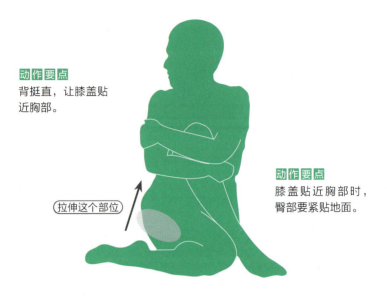

动作要点
背挺直，让膝盖贴
近胸部。

拉伸这个部位

动作要点
膝盖贴近胸部时，
臀部要紧贴地面。

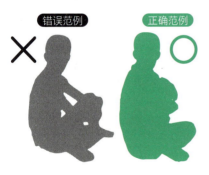

错误范例

正确范例

①盘腿而坐，将一侧脚伸
到另一侧大腿的外侧。

②伸到外侧的脚要紧贴
地面，用两只胳膊抱住
膝盖。

③朝被抱住腿的方向扭转
身体，拉伸30秒。再按照
同样的方法拉伸另一侧腿
30秒。

正确的姿势应该是用两只胳膊紧紧地抱住膝
盖，贴近胸部。若背部呈拱形，或膝盖不贴近
胸部，都无法正确拉伸梨状肌。

拉伸秒数
左右
各30秒

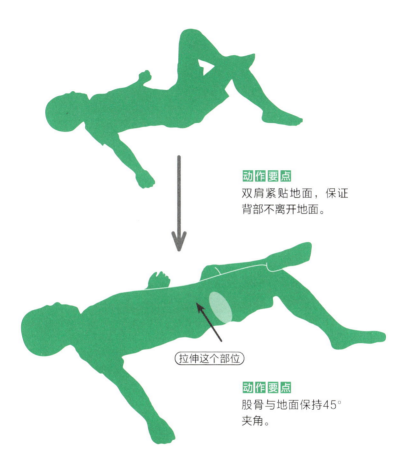

动作要点
双肩紧贴地面，保证背部不离开地面。

拉伸这个部位

动作要点
股骨与地面保持45°夹角。

①身体仰卧，支起双膝，将一侧腿的脚踝架在另一侧腿的膝盖上。

②利用腿的重量，朝上方腿的方向向地面倾斜，使上方腿的膝盖碰地。

③双肩紧贴地面，拉伸30秒。再按照同样的方法拉伸另一侧腿30秒。

拉伸秒数
左右
各30秒

拉伸这个部位

动作要点
要尽量伸直抬起的
那侧腿的膝盖。

动作要点
如果觉得这个动作很难做
到也不用勉强，按下图的
姿势拉伸肌肉也可以。

①伸展双腿坐在地上，用
一侧手抬起另一侧腿。

②朝抬起的那侧手的方
向拉伸腿30秒。再按照
同样的方法拉伸另一侧腿
30秒。

拉伸秒数
左右
各**30**秒

抓不住脚的人可以用下面的姿势拉伸

①双腿并拢侧身坐，将上侧的脚伸向下侧大腿
前方，并踩地。

②拉伸下方腿，保持30秒。再按照同样的方法
拉伸另一侧腿30秒。

能感受到上半身侧面和
下方腿的大腿侧面
被拉伸即可。

42

跑步后的静态拉伸 ⑤大腿肌腱

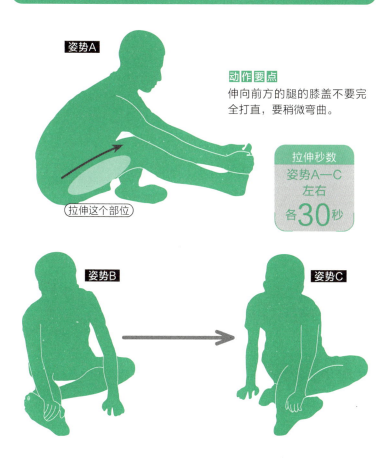

动作要点
伸向前方的腿的膝盖不要完全打直，要稍微弯曲。

拉伸秒数
姿势A—C
左右
各**30**秒

姿势A

拉伸这个部位

姿势B

姿势C

①姿势A　盘腿坐，将一侧腿向前伸，置于另一侧腿的脚踝上。双手抓住前伸腿的脚尖，使脚尖朝上，保持30秒，拉伸大腿内侧。

②姿势B　保持姿势A，用同侧的手抓住前伸脚的内侧，使脚向外侧扭转，拉伸30秒。

③姿势C　再用异侧的手抓住前伸脚的外侧处，使脚向内扭转，拉伸30秒。

④换另一侧腿，重复姿势A—C的动作，每个姿势保持30秒。

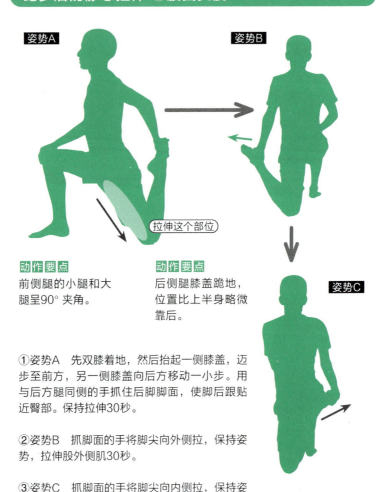

姿势A

姿势B

拉伸这个部位

姿势C

动作要点
前侧腿的小腿和大腿呈90°夹角。

动作要点
后侧腿膝盖跪地，位置比上半身略微靠后。

①姿势A　先双膝着地，然后抬起一侧膝盖，迈步至前方，另一侧膝盖向后方移动一小步。用与后方腿同侧的手抓住后脚脚面，使脚后跟贴近臀部。保持拉伸30秒。

②姿势B　抓脚面的手将脚尖向外侧拉，保持姿势，拉伸股外侧肌30秒。

③姿势C　抓脚面的手将脚尖向内侧拉，保持姿势，拉伸股内侧肌30秒。

④换另一侧腿，同样重复姿势A—C的动作，每个姿势保持30秒。

拉伸秒数
姿势A—C
左右
各**30**秒

注意！若膝盖感到疼痛，一定不要勉强自己。

正面姿势

侧面姿势

动作要点
朝下的手搭在后方一侧大腿的背面。如果觉得很难做到，搭在前方一侧大腿处亦可。

动作要点
保持平衡，上半身不要前倾。

拉伸这个部位

拉伸这个部位

①先双膝跪地，然后将一侧腿向前迈一步，保持单膝跪地，再将另一侧膝盖向后移动一小步，停住，朝后伸展。

②将与后方腿同侧的胳膊向上伸展，然后将上半身朝着与伸展的手相反的方向扭动，使后方一侧腿的股关节朝前突出。保持这个姿势30秒后，换另一侧腿，同样拉伸30秒。

拉伸秒数
左右
各**30**秒

45

跑步后的静态拉伸　⑧腓肠肌

动作要点
脚后跟平贴地面。

动作要点
膝盖不用完全伸直，
可以微微弯曲。

侧面姿势

拉伸这个部位

背面姿势

①先四肢着地，然后抬起
一侧腿。

②将另一侧腿的脚后跟平
贴地面，慢慢伸展膝盖。
拉伸30秒后，再换另一条
腿，按照同样的姿势拉伸
30秒。

拉伸秒数
左右
各30秒

动作要点
脚后跟平贴地面。

动作要点
被拉伸的小腿与地面
呈锐角，充分拉伸。

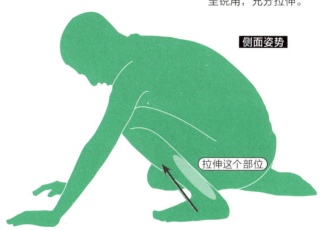

侧面姿势

拉伸这个部位

正面姿势

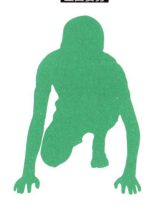

①先跪在地上，双手平贴地
面，然后立起一侧膝盖。

②立起膝盖的一侧脚后跟平
贴地面，身体慢慢前倾，用
前胸抵住前大腿。拉伸30秒
后，换另一侧腿，按照同样
的姿势拉伸30秒。

拉伸秒数
左右
各30秒

跑步后的静态拉伸　⑩胫骨前肌

侧面姿势

动作要点
背部挺直，不要后倾。

动作要点
全身重量稍微往脚后跟处倾斜。

拉伸这个部位

正面姿势

①先正坐，臀部坐在脚上，将一侧手平贴在大腿旁的地面上。

②用另一侧手抓住同侧膝盖，在保持平衡的同时稍微抬起膝盖。拉伸30秒后，换另一侧腿，按照同样的姿势拉伸30秒。

拉伸秒数
左右
各30秒

侧面姿势

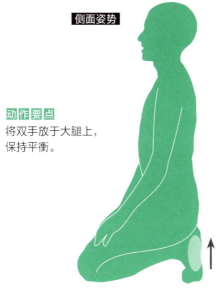

动作要点

注意将全身重量朝脚趾倾斜。

动作要点

将双手放于大腿上，保持平衡。

拉伸这个部位

背面姿势

①先正坐，只让脚趾接触地面，臀部坐在脚腕处。

②将重心慢慢后移，使全身重量慢慢压在脚趾上，保持这个姿势拉伸30秒。

拉伸秒数

30秒

49

跑步后不要忘记冰敷

冰敷可以促进肌细胞修复，降低受伤风险

我建议大家跑步后不仅要做静态拉伸，还要冰敷。

如果运动给身体造成了负担，肌细胞就会出现损伤。不过损伤的细胞会慢慢自我修复，在这个过程中这些细胞会变得比之前更强韧。这在运动训练中被称为超量补偿。

如果运动后不做任何护理，肌细胞的修复速度就会放缓。虽说肌细胞受损后，能够消除细胞损伤的活性成分会变得更加活跃，但这种活性成分也会将周围的正常细胞一同消除掉。

如果跑步后冰敷一下肌肉，使其冷却，就能将活性成分对正常细胞的损害降到最低。简而言之，被消除的细胞越少，肌肉越能更快地得到修复，超量补偿的效果也就越好。

冰敷操作起来非常简单。只需将脚腕或膝盖等因疲劳而感觉酸胀的部位用冰冷却即可。有些人会误以为只有专业运动员才需要冰敷，而普通跑者受伤较重时才需要冰敷。但其实普通人跑步之后也需要冰敷，这是因为肌细胞恢复得越慢，乳酸就越容易堆积，身体受损的风险也就越高。因此，即便是气温很低的寒冬季节，只要跑完步觉得身体有些不适，都需要仔细冰敷一下。

冰敷可以帮助身体修复

使用家庭常备物品，轻松冰敷

冰	冰囊	绷带

家用制冰机做出来的冰块尺寸稍大，虽然也可以使用，但是相比之下，颗粒很小的碎冰更能服帖地固定在患处，冰敷效果也更好。

放入冰块，敷于患处。如果家里没有冰囊，可以用保存食品的冰袋或塑料袋代替。

将冰囊固定于患处时使用，也可用毛巾或手帕代替。不过使用冰敷专用的保鲜膜，可以让冰囊与患处更贴合。

适合冰敷的部位

感到酸胀或疲劳的部位，以下肢为主。

关节
大腿根部、膝盖、脚腕等。

肌肉
大腿、小腿肚等。

冰敷时长
20分钟

冰敷时长超过20分钟会阻碍人体血液循环，容易加重肌肉损伤。一定要注意！

①在冰囊（塑料袋或保存食物用的冰袋皆可）中装入碎冰，敷在感觉疲劳的部位。

②用有收缩性的绷带（毛巾或冰敷专用的保鲜膜亦可）紧紧地卷住患处，并扎紧。

③将冰敷的部位置于比心脏更高的位置（例如，将患处置于椅子上并仰卧），休息20分钟。

开始跑步后，饮食方面有哪些注意事项

不仅要改善运动习惯，还要改善饮食习惯

跑步新手的饮食中并不需要加入特殊菜肴。

如今人们为了保持身体健康，就算是平时没有跑步习惯的人，也会很重视饮食均衡。那么，到底什么样的饮食才算均衡呢？总的来说，就是摄取的蛋白质、脂类、碳水化合物、维生素、矿物质等人体不可或缺的营养素要适量，既不多也不少。

但在日常饮食生活中，我们很难做到精细地搭配各种食材和营养物质，并做成各种美味佳肴。在此，我向大家介绍一种"每天食用14种食材"的饮食习惯。

这14种食材是谷物类、禽畜类、鱼贝类、豆及豆制品类、蛋类、奶及乳制品类、黄绿色蔬菜、淡色蔬菜、菌菇类、海藻类、薯类、水果、油脂类、嗜好性食品。饮食规则非常简单，那就是除谷物类之外的其他13类食材，每日只吃1次。

因此，大家一定要注意早中晚三顿饭中不要重复食用以上13类食材。如果能养成这个习惯，每日摄取的热量就会减少很多，自然就能做到饮食均衡了。计划改善运动习惯和饮食习惯的朋友，不妨实践一下哦！

"每天食用14种食材"的饮食习惯，促进饮食均衡

每日食用的14种食材	每日14种食材的菜谱范例		
	早饭	午饭	晚饭
① 谷物类	面包	荞麦面	米饭
② 禽畜类	培根	——	——
③ 鱼贝类	——	——	三文鱼（煎）
④ 豆及豆制品类	——	——	豆腐味噌汤
⑤ 蛋类	煎蛋	——	——
⑥ 奶及乳制品类	酸奶	——	——
⑦ 黄绿色蔬菜	西红柿和彩椒	——	——
⑧ 淡色蔬菜	——	——	洋葱
⑨ 菌菇类	——	菌菇天妇罗	——
⑩ 海藻类	——	——	海藻沙拉
⑪ 薯类	——	红薯天妇罗	——
⑫ 水果	切块水果	——	——
⑬ 油脂类	——	上面两款天妇罗已包含油脂	——
⑭ 嗜好性食品	——	——	啤酒

一定要记住除谷物类之外的13类食材，每日只吃1次！
（谷物类可以每餐都食用）

改善饮食习惯，打造适合跑步的健康身体！

① 谷物类

大米、糙米、面包、意面、乌冬面、荞麦面、龙须面等

富含碳水化合物，为人体提供能量。虽说每餐都可以食用，但尽量避免一餐中同时吃两种。

② 禽畜类

牛肉、猪肉、鸡肉、肉类加工品等

富含肌肉所必需的蛋白质。此外，牛肉中含有锌和铁，猪肉中含有B族维生素，因此，肉类也是很好的人体所需维生素和矿物质来源。

③ 鱼贝类

鱼、乌贼、章鱼、虾、贝等

与禽畜类一样富含蛋白质。沙丁鱼和青花鱼等青背鱼中含有可以净化血液的二十碳五烯酸（EPA）和二十二碳六烯酸（DHA）。

④ 豆及豆制品类

大豆、豆腐、豆浆、芸豆、鹰嘴豆等

富含蛋白质和脂类，芸豆和鹰嘴豆也富含碳水化合物。

⑤ 蛋类

鸡蛋、鹌鹑蛋、鸭蛋等

人体能够从中摄取蛋白质、脂类、维生素、矿物质等多种营养成分。因此，蛋类又被称为全营养食品。

⑥ 奶及乳制品类

牛奶、奶酪、酸奶等

人体能够从中摄取蛋白质、脂类以及可以强韧骨骼的钙。此外，乳制品大多为发酵食品，具有调节人体肠道环境的功效。

⑦ 黄绿色蔬菜

西红柿、菠菜、胡萝卜、彩椒等

红色、绿色、橙色等颜色的蔬菜富含维生素、矿物质和膳食纤维。建议大家每日摄取120 g黄绿色蔬菜。

14种食材所含营养物质

⑧ 淡色蔬菜

白萝卜、洋葱、卷心菜、白菜、生菜等

淡色蔬菜与黄绿色蔬菜一样，热量低的同时营养价值高。日常蔬菜摄取量较少的人可以督促自己每天各吃两次黄绿色和淡色蔬菜[1]。

⑨ 菌菇类

香菇、蟹味菇、平菇、杏鲍菇、滑子菇等

富含膳食纤维和矿物质。平菇和干香菇还富含维生素D。菌菇类也是深受人们欢迎的低热量食材。

⑩ 海藻类

裙带菜、海苔、海带、海发菜等

富含铁、钙等矿物质。海藻类是与菌菇类齐名的低热量食材，建议多多加入日常饮食中。

⑪ 薯类

土豆、红薯、芋头、魔芋等

与谷物类一样富含碳水化合物，但魔芋与其他薯类不同，热量很低。土豆和红薯中还富含维生素C。

⑫ 水果

蜜橘、苹果、香蕉、葡萄、梨等

富含维生素和矿物质。中国营养学会建议大家每日摄取200~350 g水果。

⑬ 油脂类

植物油、蛋黄酱、黄油、调味油等

主要成分是脂类，热量较高。炸制食品等油较多的菜肴每日只吃1次。炒菜时使用的少量油可不计算在内。

⑭ 嗜好性食品

酒精饮料、甜点、零食等

若在饮食生活中设置诸多限制，很容易让人感到压力大，也很难坚持。因此，嗜好性食品可以作为"滋养心灵的营养"，每日只吃1次。

---

1 《中国居民平衡膳食宝塔（2022）》中建议大家每日摄入蔬菜总量为300~500 g。

跑步时多注意心率

评估自己的心率，掌握好跑步节奏

我在第6页也介绍过：步行时要保持"稍微感到吃力"的运动强度。如果跑步的目的是保持健康或瘦身，跑步时至少也要保持与步行时相同的运动强度。不过，估计很多人很难理解，到底什么程度叫作"稍微感到吃力"，因此，**心率就成为一个可供参考的具体数值。**

心率就是心脏每分钟跳动的次数。心率约等于脉搏数，因此，测一下脉搏数就能知道自己的心率。大家不妨按照下一页图示的方法，测一下现在的心率。没有运动习惯的人，静息心率大概在每分钟70～80次。

估算出静息心率，就能测算出自己应该保持的目标心率（详细测量方法见第58页）。如果跑步的目的是保持健康或瘦身，运动强度应该保持在中等负荷的程度（60%～80%）。比如，一位40岁、静息心率为70次的人，若把运动强度的70%作为跑步目标，经测算后的目标心率则应为147次，也就是说，这个人需要进行能够把心率维持在147次/分的运动。

现在，市面上也有不少智能穿戴设备可以快速测量心率，大家可以按需购买。

心率的测量方法

用惯用手的食指、中指和无名指3根指头，搭在另一侧手腕内侧的动脉处，数一数10秒内的脉搏跳动次数。然后将这个次数乘以6，就是每分钟的脉搏数（心率）。

例如：10秒内的脉搏跳动次数为12次。

$$12×6=72$$

心率大约为72次/分

运动时的心率可以在等信号灯时测量。

边跑边测心率不太现实，可以利用等信号灯的时间测量。停下脚步的一瞬间，心率下降得很快，因此要马上测量。

静息心率可以在早晨起床时测量。

静息心率可以在早晨醒来后，躺着或是坐着静待5分钟以上再测量。一般来说，人的耐力越强，静息心率越低。

运动时需要保持的目标心率

最大心率（每分）=220-年龄

例如：40岁的人，最大心率为220-40=180
心率单位：次/分

运动强度（%）=
$$\frac{运动时心率-静息心率}{最大心率-静息心率} \times 100$$

例如：静息心率为70次/分，运动时心率为130次/分的40岁的人，
（130-70）/（180-70）≈0.545次/分，他的运动强度约为55%。

运动强度90%~95% 以提升运动能力为目的
最大限度负荷

运动强度80%~90% 以提高耐力为目的
高度负荷

运动强度60%~80% 以提高耐力和燃烧脂肪为目的
中等负荷

运动强度50%~60% 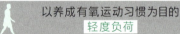 以养成有氧运动习惯为目的
轻度负荷

用卡尔沃宁方法测量目标心率

目标心率=（最大心率-静息心率）×目标运动
强度（%）+静息心率

例如：静息心率为70次/分的40岁的人，将70%设定为目标运动强度时，
（180-70）×0.7+70=147
因此，这个人需要进行能够把心率维持在147次/分的运动。

目标心率一览表（卡尔沃宁方法）

● 静息心率70~79的目标心率 　　　　　　　　【心率单位：次/分】

年龄 运动强度	20—29岁	30—39岁	40—49岁	50—59岁	60—69岁
90%	179~188	170~179	161~170	152~161	143~152
80%	167~176	159~168	151~160	143~152	135~144
70%	155~164	148~157	141~150	134~143	127~136
60%	143~152	137~146	131~140	125~134	119~128
50%	131~140	126~135	121~130	116~125	111~120

● 静息心率80~89的目标心率 　　　　　　　　【心率单位：次/分】

年龄 运动强度	20—29岁	30—39岁	40—49岁	50—59岁	60—69岁
90%	180~189	171~180	162~171	153~162	144~153
80%	169~178	161~170	153~162	145~154	137~146
70%	158~167	151~160	144~153	137~146	130~139
60%	147~156	141~150	135~144	129~138	123~132
50%	136~145	131~140	126~135	121~130	116~125

※小数点后的数字四舍五入

跑步新手必备——正确的跑步知识

"相对松软的路面不会损伤膝盖"这一观点并不正确

在坚硬的路面和相对松软的路面上跑步，对膝盖造成的负荷其实差不多。可能很多人会对这一点感到疑惑。实际上，不管是在坚硬的柏油路、松软的泥土地，还是在草地上，人体都能自动将不同路面对膝盖的冲击调节到基本相同的水平。

比如，当你在柏油路上跑步，迈出第一步时，大脑马上就能感知到地面的硬度，并迅速计算出迈第二步时膝盖要如何弯曲、如何使用肌肉才能吸收冲击力，并且在不给膝盖增加负荷的同时，有效执行吸收冲击力的姿势。即便中途从柏油路切换到草地上，大脑也能在迈上草地的第一步时感知地面硬度的变化，然后马上调节迈出第二步时膝盖的角度以及肌肉的调动方式。因此，并不是路面相对松软，膝盖的负荷就会变小。

研究表明，影响膝盖所受负荷最重要的因素不是路面的软硬度，而是路面是否容易使人滑倒。滑倒很容易对膝盖造成损伤，尤其是湿润的草地，如果因为草地相对松软就在湿润的草地上跑步，反而更加危险。此外，不少人一旦开始跑步，雨天也要坚持，但一些石板路或公寓入口处等使用的是磨砂花岗岩，雨后很滑，一不小心就会滑倒并伤及膝关节。因此，我们一定要引起重视。

不过，坚硬的路面会对肌肉带来更大的负荷。在这样的路面上跑步，虽然有利于锻炼耐力，但是肌肉容易产生强烈的酸痛感。因此，建议根据肌肉的状况，灵活地选择路面。如果感觉自己肌肉状况不够好时，可以在相对松软且干燥的路面上跑步。

勿穿易打滑的鞋

跑鞋多种多样，有些适合比较重视鞋本身功能性及舒适性的跑步新手，有些适合重视竞技专业性的田径运动员。关于选择跑鞋的方法，我在前文第10页已经介绍过。此外，还有一点值得注意，那就是勿穿易打滑的鞋。

有些鞋的底部没有突起，适合在干燥的柏油路上行走。若是在其他路面上行走或跑步，则很容易使人滑倒。此外，最近在市面上经常看到可以给人带来近乎赤足感的"赤足跑鞋"，它的鞋底超薄，属于为重视速度的专业跑者所设计的轻量型跑鞋，容易给膝盖带来较大负担，因此并不适合跑步新手。要知道，跑步可能带来的伤痛光靠拉伸运动和肌肉训练并不能完全避免。因此，挑选跑鞋一定要慎重。

鞋是否合脚，主要取决于穿上时脚是否有完全被包裹的感觉。很多情况下，我们刚开始穿鞋时觉得合适，但由于跑步时脚会发胀，有时跑着跑着就会觉得鞋的某部分硌脚或磨脚。因此，买新鞋时不仅要试穿，还需要穿着跑动几下，才能真正知道鞋到底合适与否。如果店家允许的话，可以穿着鞋多跑一跑，再做决定。

此外，如果你平常穿26码的球鞋，在购买同一个品牌的跑鞋时要注意，27码也许更合适。很多时候，不同品牌制造的相同尺码的跑鞋穿起来感觉也会有差别。甚至同一款鞋，在不同的季节去试穿，让你感到最舒服的尺码也可能会不同。因此，就算是同款鞋，也不建议在未试穿的情况下就直接在网上购买。我们可以先在网上了解清楚鞋的功能、规格和特性，再到实体店试穿后购买。

适合跑者的3种保健品

从理论上来说，保健品并不能提高跑者的跑步能力。不过有几种保健品可以起到预防贫血和骨质疏松，以及提高最大摄氧量的功效。在保证每日食用14种食材，实现饮食均衡的大前提下，大家可以尝试补充以下补剂。

第一，要补铁剂。血红蛋白是红细胞的主要成分，负责在血液中运输氧气，并运出二氧化碳。跑步时血红蛋白的浓度会降低，容易导致贫血。而血红蛋白本身是一种含铁蛋白质，因此，有跑步习惯的人平日适当补铁，可以在一定程度上预防贫血。虽然一般情况下女性更容易贫血，但喜欢长距离跑步的男性也容易出现贫血症状。如果自己总感觉莫名其妙地累或状态不太好，就有可能是贫血。不过，很多人会把这些症状归结为单纯的疲劳，因此，贫血有时很难被察觉。

第二，要补钙剂。跑步是一种会长时间对骨骼造成冲击的运动，容易引发疲劳骨折。平时注意饮食均衡的人在这方面没有什么问题，但不太重视饮食营养的人，一定要通过保健品来适当补充钙和能促进钙吸收的维生素D，以及促进骨骼形成的维生素K等营养物质。

不少在生长发育阶段缺少锻炼的人，或过度瘦身的人，本身骨密度就偏低，若长期维持跑步习惯，更易发生疲劳骨折。因此，这部分人一定要主动补充钙、维生素D和维生素K。

第三，要补EPA和DHA制剂。EPA是人体的必需脂肪酸，能够维持血液健康。DHA则是一种无法在人体内合成的不饱和脂肪酸，具有促进脂肪燃烧、调节血管壁收缩等作用。根据相关医学研究，青背鱼富含EPA和DHA，它们也是能够提高人体最大摄氧量的营养物质。但只通过吃青背鱼来补充这类营养物质作用是比较有限的，建议服用保健品来充分摄取。

无须额外饮用蛋白饮料

跑步其实可以说是一项高负荷的运动，非常需要增强肌肉力量。跑完步后，有必要补充自身修复肌肉和细胞所需的蛋白质，但我认为无须饮用蛋白饮料来单独补充蛋白质。对普通人而言，每千克体重需要1 g蛋白质；对于坚持运动的人而言，每千克体重需要1.2～1.8 g蛋白质。过量摄取蛋白质，反而会增加肝脏和肾脏的负担。

像米饭、味噌汤、烤鱼和蔬菜这样搭配的普通一餐中大概含有20 g蛋白质。如果我们一日三餐都是按照这个标准，一天能够摄取60 g蛋白质。这对于体重为60 kg的人来说是足够的。不过，对于体重为70 kg的人来说稍有些不足，对于坚持运动的人，也需要额外补充一些蛋白质。

那么，我们应该如何在饭菜之外补充这些蛋白质呢？家常饭菜再搭配1杯牛奶（200 mL）或1个鸡蛋，就能额外补充6 g蛋白质。牛奶是一种氨基酸评分[1]为100的食品，属于动物蛋白，易吸收，同时还富含B族维生素和钙等矿物质，非常值得推荐。

　　不过，饭量较小、不爱喝牛奶或者饮食不太均衡的人，也可以通过饮用蛋白饮料来补充蛋白质。

　　1　氨基酸评分是评价食品中所含的9种必需氨基酸质量的评价指标。分数接近100，说明该食品具有理想的氨基酸组合。

第 2 章

时间段不同，
跑步效果也不同

根据自己的生活方式，选择跑步时间段

跑步最重要的是要形成习惯

经常有学员迫切地想要提升自己的运动效果，于是来问我："什么时间跑步效果是最好的？"

他们的这种心情我非常理解。但实际上任何时间段跑步，效果都相差无几。因此，最有效的并不是一定要在某个时间段跑步，而是要找到一个能让自己坚持跑下去的时间段，并慢慢形成一种习惯。

能让自己坚持跑下去的时间段，简单来说就是跑得最舒服的时间段。比如，有的人习惯早起跑完步后洗个澡再去上班，觉得这样最舒服；而有的人喜欢下班后在健身房跑完步再回家，然后洗澡吃晚饭……总之，每个人的喜好千差万别，大家可以多多尝试，找到最适合自己的跑步时间。

另外，还有人喜欢在周日跑步，或和家人、朋友一起跑步，认为这样更能让自己坚持跑下去。不论是哪种方式或者时间段，只有当跑步带给我们快乐和舒适感时，我们才能慢慢养成这种习惯。因此，一定要根据自己的生活方式，选择自己觉得最舒服的时间段去跑步。

跑得最舒服的时间段千差万别

①早晨	②午饭后

早起跑一会儿，
冲个澡再去上班。

吃过午饭
30分钟后跑步。

③下班后	④与别人一起跑步

下班后在健身房跑完步再回家，
然后洗澡、吃晚饭。

与家人、朋友或同事
一起跑步。

根据自己的生活方式和作息时间，
选择自己最能坚持下去的时间段吧！

运动目的和个人体质不同，有效的跑步时长也不同

每周最少进行150分钟的有氧运动

大家要了解"多大强度的运动进行多长时间最有效"这个知识点，这和形成跑步习惯同等重要。当我们了解了自身跑步具体需要的运动量和时长，就可以为目标努力了。

其中一个参考标准是世界卫生组织（WHO）发布的《关于身体活动和久坐行为的指南》，该指南中提到：成人每周应当进行150~300分钟中等强度的有氧运动，或进行75~150分钟高强度的有氧运动，以保持身体健康。

中等强度的有氧运动可以理解为"呼吸稍微有些急促的步行"，因此，悠闲散步的运动强度是远远不够的。高强度的有氧运动主要有跑步、游泳等。

如果每天只步行30分钟，最少要保证每周步行5天。无法坚持每天运动的人，则可以选择每天跑步25分钟，并保证每周跑3天。总之，一定要选择让自己感到舒服且愉快的方式。

此外，如果是为了瘦身、预防代谢综合征或消除肚腩，则需要选择最佳的有氧运动时间段，我将从下一页开始详细介绍这方面内容。

每周运动多长时间、进行什么样的运动最佳?

| ①每周进行150~300分钟中等强度的有氧运动。 | ②每周进行75~150分钟高强度的有氧运动。 |

中等强度的运动标准是呼吸稍微有些急促的步行。

高强度的运动标准就是跑步。

每天步行30分钟,一周步行5天 **每天跑步25分钟,每周跑3天**

选择要点

无论选择哪种方式,效果都差不多。因此,最重要的是选择能让自己坚持下去的运动方式!

运动目的不同,效果最好的运动时间段也不同!

| 瘦身 | 预防代谢综合征或糖尿病 | 消除肚腩 |
| 早晨空腹时 | 饭后半小时 | 肌肉训练之后 |

第72页

第76页

第80页

早晨空腹时跑步，瘦身效果更佳

空腹时做有氧运动，更有利于脂肪燃烧

有氧运动有助于脂肪燃烧，想必很多人最开始都是为了瘦身才加入跑步行列的。

人们进行有氧运动的能量来源为糖类和脂肪。如果运动目的是瘦身，那么运动强度越高，消耗糖类的比例也会越高。因此，进行让呼吸稍微急促的步行或慢跑运动是很有效的。

不仅如此，经过一晚的睡眠，人体内的糖类基本消耗殆尽。因此，人们晨起后，空腹放慢速度跑30分钟以上会更有利于脂肪的燃烧。

不过，需要注意的是，由于人在睡眠状态时身体会流失水分，刚起床时血液比较黏稠。因此，空腹运动前一定要先喝一杯水。

不仅如此，空腹有氧运动还有利于增加身体的肌肉量，从而消耗更多能量。这里给大家推荐一种屈膝步行法。屈膝步行法是指步行过程中，大腿前摆迈大步的同时进行深屈膝盖的动作。这样能够同时锻炼大腿肌肉和臀部肌肉。这种方法可以让人们的下肢得到有效锻炼，是一种既能促进脂肪燃烧，又能增加肌肉量的好方法。

人体的三大能量来源

人在进行肌肉训练或短跑等高强度运动时，最先消耗的是能够在短时间内产生大量能量的糖类。

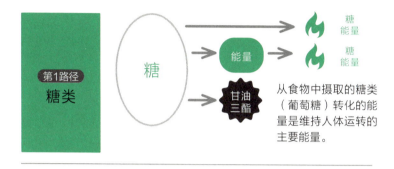

第1路径
糖类

从食物中摄取的糖类（葡萄糖）转化的能量是维持人体运转的主要能量。

第2路径
糖异生

糖类和肝脏中储存的糖原消耗殆尽后，肌肉中的蛋白质和脂肪就会生成葡萄糖，并转化为能量。这种方式是身体能量转化的应急机制。

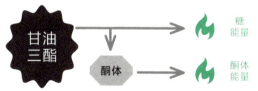

第3路径
酮体

当人体持续缺乏葡萄糖时，脂肪分解后产生的脂肪酸，以及在脂肪酸转化为能量的过程中所产生的酮体就会充当能量来源。

人在空腹时由糖类提供的能量会大大减少。此时运动会促进第3路径的转化过程，从而起到减少脂肪的作用。

注意! 人在睡眠状态时身体会流失水分，晨起运动前一定要先喝一杯水！

促进脂肪燃烧的步行方法

①以呼吸稍微有些急促的速度步行

步行时要大幅摆臂，迈大步，快速前行，而不是像散步时那样节奏缓慢。当走着走着感觉稍微有些吃力时，就是促进脂肪燃烧的最佳步速。

②步行与慢跑交替进行

步行与慢跑交替进行，不但消耗的热量会增加，还能有效提高心肺功能。采用这种步行方法时，要保持呼吸稍微急促、但不会上气不接下气的节奏。

③将台阶或上下坡路段加入步行路线

在设计步行路线时，建议把有台阶和上下坡的路段加进去。这样不但可以更好地刺激我们的下肢肌肉，还能增强心肺功能。此外，为了避免过马路等信号灯时不得不停下脚步，可以把天桥也加进步行路线中。

屈膝步行法提高运动效果

动作要点
迈出一大步，并弯曲膝盖，
蹲至大腿与小腿成直角。

动作要点
步行时要一步一步、
慢慢地弯曲膝盖。

动作要点
在 2 的动作后做抬膝运动
（第26页），再做 3 效果会
更好。

在步行中，可以将一侧腿朝前迈一大步，慢慢地
弯曲同侧膝盖，直至同侧大腿与小腿成直角。然
后再将另一侧腿朝前迈一大步，同样慢慢地弯曲
膝盖，重复同样的动作。重复这样走几步后，恢
复正常的步行姿势，放松一下。然后再继续进行
屈膝步行，如此反复。可以先把目标设定为每天
做40下，然后慢慢地增加屈膝步行的频率。

次数
每天
40下

饭后30分钟步行，有效预防代谢综合征

血糖值上升的时间段运动，预防效果更佳

当我们摄取含糖类的食物后，糖类进入血液中，血糖值便会上升，此时身体会分泌胰岛素。胰岛素会下达指令，将血液中多余的糖类分配到肝脏、肌肉等部位，从而降低血糖含量。

虽说我们无法人为地改变胰岛素下达的指令，但如果能够在血糖值上升的时间段调动起尽可能多的肌肉，就可以让胰岛素优先下达"将糖类送达肌肉"的指令。这样一来，转化为脂肪的糖类就会减少，从而起到预防代谢综合征的作用。

而且，运动会让血液中大量的糖类被肌肉消耗掉，也能起到迅速降糖的效果，这被称为即时效果；此外，坚持定期运动，会强化胰岛素的作用，形成快速降血糖的体质，这被称为长期效果。坚持时间越长，效果就越明显。

虽说存在个体差异，但一般来说人体的血糖值会在饭后30分钟至1小时内达到顶峰。如果在这个时间段进行有氧运动或肌肉训练，不但可以避免多余的糖类转化为脂肪，还能有效抑制血糖值的上升。

饭后30分钟做有氧运动效果更佳的两大理由

①血液中多余的糖类在转化为甘油三酯前就被消耗掉（预防代谢综合征）。

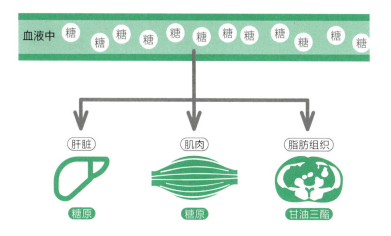

②消耗血液中的糖类，防止血糖值上升（应对糖尿病）。

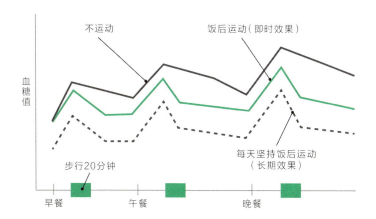

体检也难以发现的隐性糖尿病需要引起重视

糖尿病是指由于胰岛素分泌减少或功能变弱，导致血糖值上升过高或难以下降的一种代谢性疾病。这种疾病分为因自身免疫疾病等因素导致的1型糖尿病，及因摄取过量糖类或缺乏锻炼等其他不良生活习惯导致的2型糖尿病。

糖尿病患者的血糖值会持续处于较高水平，容易损伤血管，进而引发动脉硬化、神经功能障碍、肾病或视网膜疾病等并发症。一般情况下，医生会通过检测患者过去1～2个月的糖化血红蛋白（HbA1c）水平判定其是否患糖尿病。但实际上，即便以上数值处于正常水平，测试者也会有高血糖的可能性。

高血糖症状为：饭后血糖值超过正常水平或血糖值骤然上升（餐后高血糖）。这种症状会慢慢损伤血管，如果人们不加以注意，不仅罹患动脉硬化、心脏病、脑卒中的风险会上升，还很容易发展成糖尿病。因此，这种症状被称为隐性糖尿病。

我在前文提到，饭后30分钟运动能够使肌肉消耗掉血液中的糖类。这种方式同样可以预防血糖值骤然上升。

不过，饭后应避免立刻剧烈运动，因此，我建议大家在饭后30分钟左右再开始，最少步行10分钟，步行20分钟以上最好，并保持呼吸稍微有些急促的节奏，慢慢形成一种日常习惯。此外，大家步行前还可以做一些肌肉训练，运动效果更佳。做肌肉训练时，人体会分泌生长激素和肾上腺素，脂肪更容易被分解，也就能更有效地减少脂肪堆积。

步行对缓解隐性糖尿病也有效果

● 血糖值波动曲线图

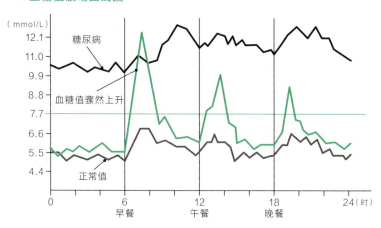

（mmol/L）

糖尿病

血糖值骤然上升

正常值

12.1
11.0
9.9
8.8
7.7
6.6
5.5
4.4

0　　　　6　　　　12　　　　18　　　　24（时）
　　　　早餐　　　午餐　　　晚餐

血糖值骤然上升（餐后高血糖）是指只在饭后
短时间内血糖值的上升，并超过正常水平。
步行对这一症状也有缓解效果。

动作要点

①步行时保持呼吸稍微有些急促的节奏。

②每餐后最少步行10分钟，20分钟以上最佳。

③步行前做肌肉训练，运动效果更佳。

每餐后步行10分钟以上，保持呼吸稍微有些
急促的节奏是最为理想的运动状态（参见第74
页）。很难抽出时间专门步行的人，则可以在
晚饭后去购物或打扫房间，让身体尽可能地动
起来。

关于步行的具体内容，请参见前文第6页。➤

79

肌肉训练后做有氧运动有助于消除肚腩

不同类型的肚腩，消除的方法也不同

无论男女，相信有很多人都会因为自己的"小肚腩"而苦恼不已。每年夏季来到前，我们总会看到不少关于如何消除肚腩的文章，也有很多学员向我咨询过这个问题。

虽说都是肚腩，却有两种不同的类型，消除的方法也不尽相同。

第一种肚腩是"肚子整体向前凸出"，以男性居多，这种肚腩主要由内脏周围附着的脂肪堆积所导致，被称为"内脏脂肪型"。这种类型的肚腩是由脂肪堆积造成的，因此可以通过有氧运动燃烧脂肪来消除肚腩。

第二种则是"肚脐下方即下腹部凸出"，以女性居多，主要因骨盆周围的肌肉功能减退而导致。这种类型的肚腩可以通过锻炼位于骨盆底部、从下方支撑内脏的盆底肌来消除。

此外，人们臀部或大腿的肌肉柔韧性变差，或是连接骨盆和大腿骨头的髂腰肌功能减退，也会导致骨盆后倾、内脏移位、下腹部凸出。出现这种情况时，进行髂腰肌的肌肉训练要比有氧运动更有效。

两种类型的肚腩

肚子整体向前凸出

特征

· 由内脏周围附着的脂肪堆积所导致。

· 男性居多。

· 肌肉训练之后进行有氧运动，效果很好。

肚子整体向前凸出，是由内脏周围附着的脂肪堆积所导致。很多人为了让肚子缩回去，会选择锻炼腹肌。但实际上，下肢的肌肉训练会让脂肪更易燃烧，消除肚腩的效果更佳。肌肉训练之后还可以进行0.5~1小时的有氧运动，进一步促进脂肪燃烧。

肚脐下方下腹部凸出

特征

· 因骨盆周围的肌肉功能减退而导致。

· 女性居多。

· 肌肉训练加拉伸运动，效果更佳。

有些人整体身型并不胖，但唯独下腹部凸出。这种类型的肚腩以女性居多。同样的，骨盆复位要比锻炼腹肌更重要。建议多锻炼盆底肌和髂腰肌，并且做臀部和大腿的拉伸运动，效果更佳。

内脏脂肪型肚腩的锻炼方法

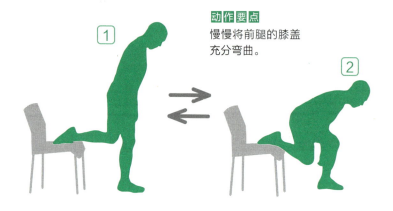

①

动作要点
慢慢将前腿的膝盖充分弯曲。

②

动作要点
从①到②的姿势时也需要动作缓慢。

错误范例
前腿膝盖的位置比脚尖靠前。

准备一把椅子，站在椅子前方，然后将一侧脚背和部分小腿放在椅子上。慢慢将前腿的膝盖充分弯曲，再慢慢恢复到原来的姿势。单腿重复这个动作10次后，换另一条腿重复同样的动作10次。上述一系列动作视为1组。等完成2组动作后，再进行0.5~1小时的有氧运动。

运动次数
左右腿
各**10**次
×2

完成肌肉训练后再进行0.5~1小时的有氧运动。

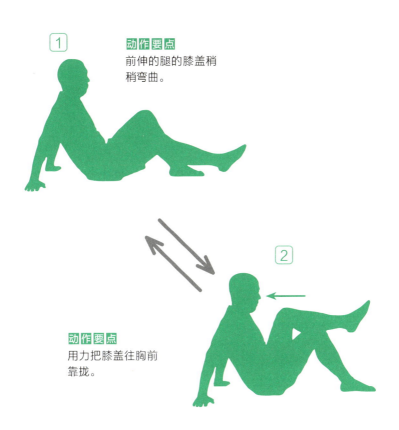

1

动作要点
前伸的腿的膝盖稍
稍弯曲。

2

动作要点
用力把膝盖往胸前
靠拢。

坐在地上，立起两侧膝盖。手放在身后侧的
地面上支撑上半身，身体稍微后倾。将一侧
腿前伸并稍稍弯曲膝盖。然后抬起膝盖后，
用力把大腿往胸前靠拢，再恢复原来的姿
势。重复这个动作10次后，换另一侧腿同样
进行10次。上述一系列动作视为1组，每天
做2组。

运动次数
左右腿
各**10**次
×2

骨盆周围肌肉的锻炼方法　②盆底肌

动作要点
从 ② 的姿势恢复到
① 时，要边吸气边
放松肛门。

动作要点
边吐气边收紧肛门。

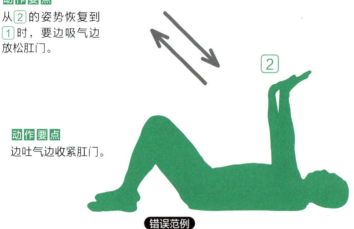

错误范例
在收紧肛门时，大腿的前后
侧以及臀部用力。

先仰卧，然后立起两侧膝盖，双手置于胸部两侧。边吐气边像手里举着东西一样，把手向上平举，同时收紧肛门。胳膊伸直后，放松肛门的同时，双手收回，恢复到原来的姿势。上述一个来回的动作视为1组，1天做10组。收紧肛门时注意大腿不要用力。

运动次数
10组

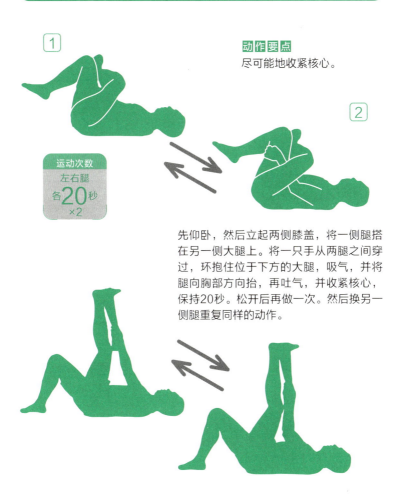

1

动作要点
尽可能地收紧核心。

2

运动次数
左右腿
各**20**秒
×2

先仰卧，然后立起两侧膝盖，将一侧腿搭在另一侧大腿上。将一只手从两腿之间穿过，环抱住位于下方的大腿，吸气，并将腿向胸部方向抬，再吐气，并收紧核心，保持20秒。松开后再做一次。然后换另一侧腿重复同样的动作。

先仰卧，然后立起两侧膝盖。抬起一侧腿，将毛巾搭在脚底，两手揪住毛巾两端向下拉。吸气后再吐气，并将腿慢慢朝胸部靠拢，保持20秒。松开后再做一次。然后换另一侧腿重复同样的动作。

运动次数
左右腿
各**20**秒
×2

终日忙碌的人可以利用碎片时间走楼梯

仅靠碎片时间运动，效果欠佳

很多由于工作繁忙而缺少锻炼的人，或是正在减肥的人，都会选择利用碎片时间运动。比如，上下班时在离公司（或家）还有一段路程时提前下车，走去公司（或回家）；做家务时，一边打扫卫生，一边做强化肌肉的动作。但这种程度的运动强度并不能解决人们缺少锻炼的问题，减肥效果也欠佳。

这是因为短距离步行路程并不能达到有氧运动所要求的运动强度。此外，对肌肉施加的负荷不足以破坏肌细胞，因此起不到锻炼肌肉的作用。当然，如果能保持呼吸稍微有些急促的节奏步行，锻炼效果则会大大增加。然而，在上下班高峰的时段，我们很难掌握自己的步行节奏，大多只能跟随人流行走。

话虽如此，有些人确实忙得无法抽出时间来运动。针对这种情况，我建议大家尝试"上下台阶运动法"。事实上，上下台阶运动也算一种高强度的运动，它所消耗的热量和跑步不相上下。

因此，大家可以把公寓的楼梯、车站的台阶、公司的楼梯、天桥等上下班或上下学路上的所有台阶都充分利用起来。先尝试3个月，坚持每天多多上下台阶，身体一定会出现意想不到的变化。

利用上下台阶锻炼下肢肌肉的正确方法

上台阶的方法

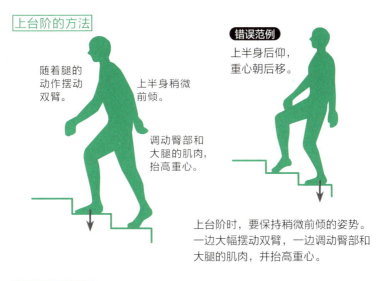

随着腿的动作摆动双臂。

上半身稍微前倾。

调动臀部和大腿的肌肉，抬高重心。

错误范例

上半身后仰，重心朝后移。

上台阶时，要保持稍微前倾的姿势。一边大幅摆动双臂，一边调动臀部和大腿的肌肉，并抬高重心。

下台阶的方法

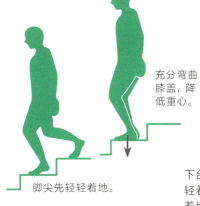

充分弯曲膝盖，降低重心。

脚尖先轻轻着地。

错误范例

重心过高，着地时将身体重量全部压在脚后跟上。

咚咚咚

下台阶时，充分弯曲膝盖，脚尖先轻轻着地，脚掌再落地。如果脚后跟先着地，就会增大冲击力，容易导致关节或肌肉疼痛。

上下台阶时消耗的热量
和跑步差不多。

入睡困难的人适合在上午运动

通过运动来调节自主神经，有时会适得其反

自主神经包括使身体处于活动状态的交感神经和使身体处于安静状态的副交感神经。自主神经会根据所处环境，选择其中一种在大脑中主导，从而调控身体的运转。

一般来说，人们早晨起床后交感神经处于优势，以帮助身体快速切换到活动模式。而到了夜晚，副交感神经又会处于优势，使身体切换到安静模式，更容易使人入睡。但如果人们因为某些原因导致自主神经紊乱，到了夜晚副交感神经就无法占优势，从而久久难以入睡。

运动有助于人们调节自主神经，并能调节情绪，从而起到缓解压力的作用。适量运动之后更容易入睡，并不是因为消除了身体上的疲劳，而是因为运动可以缓解压力，让大家身心都得到放松。

不过，值得注意的是：运动也会使交感神经活跃，有些人在夜间过度运动后，会更难入睡。一直存在入睡困难问题的人或有这方面倾向的人，应当尽量避免夜间运动，建议在上午运动。

自主神经的工作原理

交感神经（活动状态）		副交感神经（安静状态）
紧张、兴奋	心情	放松
上升	血压	下降
上升	体温	下降
紧张	肌肉	放松
急促	呼吸	舒缓
抑制	消化	活跃
增加	出汗	减少
收缩	血管	扩张

夜间运动会让交感神经活跃，入睡困难的人要避免在夜间运动。

适度运动能够提高睡眠质量，但与此同时交感神经会占优势，使身体处于活动状态。因此，如果入睡困难的人在夜间运动，反而会更难入睡，应当尽量避免。

不排斥早起的人可以早晨运动

早晨跑步有很多好处

对于不排斥早起的人，可以尝试早晨起床就跑步或步行，这样做有很多好处。

首先，早起进行有氧运动、适度出汗，可以促进全身的血液循环，从而让交感神经活跃起来，使身体切换到活动模式，神清气爽地迎接新的一天。

其次，沐浴在清晨的阳光中，人体内的生物钟会重置，人体就会停止分泌睡眠激素——褪黑素，直到14~16小时后，人体会再次分泌褪黑素。在褪黑素的作用下，人就会自然产生困意，从而保证正常的生活节律。此外，我在第72页也提到，早晨跑步对瘦身很有好处。

不过，早晨跑步时有两个注意事项。首先，人体在睡眠状态会流失不少水分。因此，开始运动前要先喝一杯水。

其次，我们的肌肉和关节在刚起床时会比较僵硬，而且此时我们的体温也比较低。因此，正式运动前必须使身体得到充分热身，延长热身运动的时间，否则很容易使身体受伤。

早晨跑步前应当充分做好热身运动

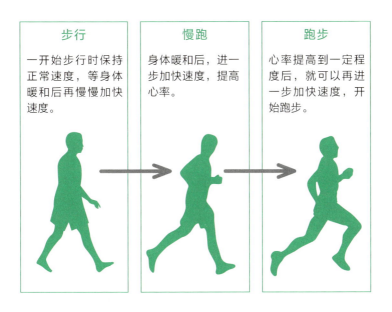

步行

一开始步行时保持正常速度，等身体暖和后再慢慢加快速度。

慢跑

身体暖和后，进一步加快速度，提高心率。

跑步

心率提高到一定程度后，就可以再进一步加快速度，开始跑步。

如果时间充裕，热身时可以增加转动
肩胛骨（参见第21页）和转动股关节（参见第27页）
的动态拉伸，来放松肌肉和关节。

注意 跑步前一定要补水！

人体在睡眠时会流失500 mL以上的水分，早晨起床时血液比较黏稠。因此，起床后要马上喝一杯水，跑步中也要定时补水。人在血液黏稠的情况下容易产生血栓，如果不补充水分就马上开始跑步，会大大提高罹患脑卒中和急性心肌梗死的风险。

酒后跑步非常危险

"跑步发汗能解酒"并无科学根据

有些人会在喝酒后跑步或蒸桑拿，他们觉得这样可以发汗，从而快速解酒。但其实这是很危险的行为，我非常不建议大家这样做。分解酒精的器官是肝脏和肾脏，通过发汗既不能将酒精从体内排出，也不能促进体内酒精的分解。

相反，人在饮酒后立刻运动，血液会集中流向肌肉，分给肝脏的血流因此减少，反而会阻碍酒精的分解，导致宿醉。

酒精有利尿的效果，会促使人体把超过饮酒量的水分以尿液的形式排出体外。另外，身体分解酒精时也需要一定的水分，这时如果大量出汗，很容易造成身体脱水。人在失去大量水分后血液变得黏稠，易产生血栓，血栓甚至可能成为危及生命的脑梗死或心力衰竭等疾病的导火索。

此外，饮酒后人的心率会上升，跑步也会让心率加快、血压上升。这样会增加心脏的负担，反而很快就会醉得不省人事。

总之，饮酒后运动绝对是有百害而无一利，切勿这样做。

酒后跑步非常危险

酒后跑步为什么很危险？

①容易引发脱水症状。
②酒精的分解速度变慢。
③增加心脏负担。
④很快就会醉得不省人事。

除容易发生事故外，还容易引发可能危及生命的急病。

摔倒

脑卒中

心力衰竭

注意 过度饮酒后的第二天跑步也很危险！

人体1小时可以分解的酒精量大致为"体重（kg）×0.1 g"，喝进去的酒精量（g）为"饮酒量（mL）×酒精度数/100×0.8（酒精的比重）"。这两个值可以用来判断第二天起床时酒精是否已经全部分解。如果还未分解完，切勿去跑步！

1小时可以分解的
酒精量为
体重（kg）×0.1 g

例如，体重60 kg的人饮用3瓶酒精度数为5%的罐装啤酒（500 mL），需要10小时来完成酒精分解。

坚持每天运动30分钟，可以有效降血压

血压居高不下，一定要改变生活习惯

血压是指血液受挤压时作用于动脉内侧的压力。血压持续过高的疾病就是高血压。具体而言，在我们的日常体检中，收缩压在140 mmHg以上，或者舒张压在90 mmHg以上，就可以被认定为高血压。

由于血管具有一定的收缩性，当血压处于较高水平时，血管内壁就容易受损，并慢慢变厚，失去柔韧性，容易引发动脉硬化。

有医学研究证明，有氧运动可以改善原发性高血压。专家提倡人们每天进行30分钟稍感吃力的有氧运动。

不过，人在运动过程中血压会暂时进一步升高，因此，已经被诊断患有原发性高血压的人，一定要咨询主治医生，谨遵医嘱。

此外，人们还需减少盐的摄入、节制饮酒、戒烟等，努力改变生活习惯才能真正做到有效降血压。

有氧运动有助于降血压

●改变生活习惯，改善原发性高血压

需要改变的习惯	具体内容
减少盐的摄入	食盐日摄取量不超过6 g
预防或改善肥胖	身体质量指数（BMI）在25.0 kg/m² 以下
节制饮酒	酒精日摄取量为男性30 mL以下，女性20 mL以下
运动	每天运动30分钟以上或每周运动180分钟以上
饮食习惯	多吃蔬菜、水果和富含多不饱和脂肪酸的食物，避免过多摄取饱和脂肪酸和胆固醇
戒烟	除戒烟外，还要尽量避免吸入二手烟
其他	防寒，调节情绪，适当减压

每天进行30分钟以上
快走、上下台阶训练、慢跑、快跑等
让人稍感吃力的有氧运动，
是最理想的运动状态。

有氧运动能促进血液循环，从血管内侧舒张血管平滑肌。人体也会分泌一氧化氮来扩张血管。因此，只要大家每天坚持有氧运动，不仅可以保持血管的柔韧性，血压也会随之下降。

不建议进行容易使血压升高的、让人感觉
非常吃力的运动。
已经被诊断为原发性高血压的人，在开始运动前
一定要征求主治医生的意见。

目标定得太高很难坚持到底

跑不下去时不必勉强自己

我听到过一些学员聊过他们以前尝试跑步，但因吃不消而最终放弃的运动经历。他们都有一个共同点，那就是"容易努力过头"。明明已经感到很吃力、很痛苦了，可他们还是强迫自己跑下去。这样他们反而无法体会到跑步的乐趣，甚至感觉跑步是一种负担，自然就很难坚持下去。

如果大家以前有过类似的经历，那么我建议各位无须太过勉强自己。如果在跑步时觉得很吃力，不妨改为快走。走一会儿呼吸和心率就会逐渐平稳，吃力的感觉也会自然消失。如果这时又想跑，那再重新跑起来。

虽说跑步时设定的目标很重要，但如果目标定得太高，也会适得其反。如果一开始就强迫自己"每天跑5 km"或者"每天必须跑30分钟以上"，这样高标准的目标肯定很难坚持下去。正如前文第8页所述，稍微降低一点标准，才更容易坚持。

此外，在设定跑程时，可以同时设置1 km的短距离和3 km的长距离两种跑程。更重要的是，一定要设定1 km这样较低的标准，当你发现自己只需做这一件事时，就会迫不及待地想要迈开脚步了。

不过分勉强自己就是坚持下去的秘诀

感到吃力时改为步行 感到心情舒畅后再改为跑步

错误范例

强迫自己跑下去，只会越来越厌烦跑步。

刚开始跑步时，感觉自己跑得吃力不妨改为步行，等心情舒畅后再改为跑步，循环往复。相信你在这个往复的过程中，跑步的时间就会慢慢变长，自己受到鼓舞，就不难将跑步进行到底了。

同时计划短距离和长距离两种跑程

能够轻松跑下来的短距离跑　　稍微有点吃力的长距离跑

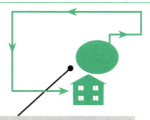

尽量让两种跑程所经路线的前半段重合，这样方便你在开跑后根据心情和身体状况调整跑程。

根据你当日的身体状况、心情和天气来选择跑程，跑步就会更有动力，也更容易坚持下去。

在设定跑程时，可以同时计划短距离和长距离两种跑程。短程跑可以设定一个自己轻轻松松就能跑下来的较低目标，并且尽量让两种跑程所经路线的前半段重合，这样方便你根据心情和身体状况来调整跑程。

一些误解和错误认知，百害而无一利

随着年龄增长，身体恢复能力会变差

40多岁的人都有一种"体力正在变差"的感觉。但其实变差的不是体力，而是消除疲劳的能力，也就是身体的恢复能力在变差。在这一点上，我们永远无法与年龄抗衡。

20多岁时，我们根本无须考虑身体的恢复能力，跑长距离跑程也是干劲满满，甚至连续两三天都去跑步也不成问题。但到了40多岁，我们的身体恢复能力逐渐变差，很难做到连续几天都跑步。因此，大部分人会觉得自己的体力不如从前。不过也有一些人能够坚持跑步，依然全力以赴。由此可见，问题的根本主要还是我们恢复身体所耗费的时间赶不上我们运动的间隔时间。

正因如此，40岁的人一定要比20岁时更认真地做拉伸运动，还要更重视身体的保养。这里我要强调一点，"不泡澡或不用冷热水交替泡澡，身体就无法恢复"的观点是不

准确的。倒不如进行一些目的明确且有效的锻炼，比如可以计划"周一是LSD[1]的日子""周三进行速度训练"等。

身体不适时该如何应对？

大家如果在跑步时感觉到身体某些部位疼痛或不对劲，比如膝盖疼或脚不太舒服时，一定要找医生问诊。很多人习惯在网络上查询各种知识，认为身体哪里不舒服时，根据网上搜索的结果自己诊断一下就好了。但这其实是非常危险的做法，我们若对疼痛或不舒服的地方置之不理，自己轻易下结论，觉得稍微休息一下就没事了，很容易导致症状在我们不知道的情况下悄然恶化，因此，一定要尽早去医院就诊，得到专业的确诊。

比如，人出现膝盖疼的症状，一定是某种原因引起的，有可能是大肌腱僵硬导致的鹅足滑囊炎[2]、臀大肌或阔筋膜张肌僵硬导致的髂胫束摩擦综合征（参见第117页）等。

总而言之，简单的膝盖疼，其疼痛的部位不同，原因也截然不同。而且治疗方法以及能否继续跑步，也需要听取医

1　LSD 是 "Long Slow Distance" 的缩略形式，是指慢长跑的锻炼方法。详细内容见第 134 页。

2　一种代表性的膝盖疾病。主要是膝盖内侧稍微靠后的部位出现疼痛感或肿胀感。

生的科学诊断。

我在第1章中介绍过可以预防这些身体损伤的拉伸运动和冰敷方法。除此之外，能够提升大腿和臀部肌肉力量的训练也同样有效。建议大家多尝试深蹲练习、提臀运动（参见第127—129页）和上下台阶运动（第86页），以此来加强下肢肌肉力量。

有时大家可能会因为受伤不得不中止跑步，这样好不容易锻炼出来的肌肉力量和心肺耐力有可能前功尽弃，而且一旦出现衰退，就很难恢复到原来的状态。因此，建议大家用一些不会给患处造成负担的方法来维持肌肉力量和心肺耐力。比如，肌肉力量要靠肌肉训练来维持，心肺耐力要靠游泳、在健身房里骑动感单车或划船机来维持。我强烈推荐田畑式锻炼法[1]，即进行20秒高强度运动后休息10秒，如此重复8次的训练方法。

效果欠佳的热身动作

为了防止出现身体不适，跑步前一定要进行动态拉伸。在马拉松大赛上，有的运动员在开跑前会做转脚腕和

1　日本立命馆大学的田畑泉教授提出的经过科学论证的锻炼法。这种方法可以大幅度提高人的心肺功能。

拉伸跟腱的动作，但是我认为这些动作的热身和拉伸效果并不理想。实际上，从脚腕到脚尖的部位由很多块骨头构成，它们是一个紧密的整体，不停地转动某个部位，反而会破坏其整体性。另外，拉伸跟腱其实属于静态拉伸，并不适合在跑步前用作热身运动。

有时我们还会看到跑者在等信号灯时拉伸跟腱或做屈伸运动，这也属于无效热身。当大家运动力度较小时，每块肌肉都能保持同等长度，而且拉伸幅度比较小。但当某部位的肌肉突然伸长，如果再想恢复到原来的位置，就要消耗很多能量。

而屈伸运动和拉伸跟腱都会将肌肉大幅度拉长，这样会大幅消耗身体能量。实际上，有很多运动员在比赛中做屈伸运动后会导致一时无法站立。因此，应当尽量避免在运动过程中做此类动作。

如何充分利用跑步机

很多人喜欢在下班后到健身房的跑步机上锻炼身体。简单来说，跑步机是依靠电机带动跑步带运行，这和室外跑步很不一样，跑步带无法对人的脚部产生和地面等同的压力，因此给予腿部的负荷是不够的，其锻炼腿部力量的效果也就打折扣了。

大家可以选择在有一定倾斜度的跑步机上跑步，**具有1.5%～2%倾斜度的跑步机带给人脚部的负荷就与室外跑几乎一样了。**

　　在跑步机上跑步的另一个劣势是很容易枯燥，也会产生一定的心理不适感。在跑步机上跑20 km，会感觉异常难熬，我相信习惯在跑步机上跑步的朋友肯定可以感同身受。因此，我们不妨将劣势化为优势，**通过在跑步机上跑步，来锻炼心理承受力。**当你习惯了在跑步机上跑步的单调后，去室外跑步时就会感觉更加快乐，有时即便跑长距离，也会甘之如饴。

　　不过，跑步机也有室外跑所没有的优势。首先，我们可以在镜中看到自己跑步的姿势，并适时做出调整。其次，**跑步机可以设定速度，在跑的过程中身体会渐渐习惯在某一时速下跑步的感觉，**比如它会在屏幕上显示目前设定的时速。而在室外跑步时，我们很难一直维持某个速度。此外，在跑步机上跑步时场所是固定的，室内无风，因而我们会出很多汗。这对于不太习惯在炎热的天气里跑步的人来说，无疑是一个可以慢慢习惯大汗淋漓地跑步的好机会。

　　在流感季或者花粉季时，我发现很多人会戴着口罩跑步，即便是在室内跑步时也是如此。但我并不推荐这种做法，**这是因为戴着口罩跑步，很容易引发中暑或呼吸功能**

不全等症状，甚至还有因此而死亡的案例。世界卫生组织也提倡人们在运动时尽量不要戴口罩。

因此，在流感季或者花粉季时，可以选在清晨或夜间等行人较少的时间段跑步，有人经过时注意保持距离。也可以随身携带口罩，以备不时之需。

第 3 章

如何跑得更远、更久

先热身，做好运动的准备

先慢跑10分钟，温暖身体

很多人在运动前热身时，只会做一些简单的静态拉伸，其实这样是无法达到热身效果的。相比之下，运动前做动态拉伸，可以让我们全身的关节和肌肉变得更灵活，从而防止受伤，而静态拉伸并没有这些效果。所谓热身运动，是为了促进人全身的血液循环，使体温上升，因此，正式运动前做一些可以调动全身的、强度较低的运动会给肌肉施加一定的负荷，从而使肌肉温度快速上升。

对专业的运动员而言，热身运动是必不可少的。普通人的运动强度不如运动员大，大部分人选择慢跑是为了达到瘦身或增强体力的目的，因此也就无须进行专门的热身运动。反而可以把开跑后的10分钟当作热身，这10分钟的跑步速度只需比平常的跑步速度稍慢些，就能达到很好的热身效果。感觉自己稍微出了点汗、身体暖和后，就可以提升到平常的速度，跑完剩下的路程。需要注意的是，在寒冷的季节和刚起床时，人的身体会很僵硬，体温也比平常要低。因此，一定要留出足够的时间热身，让全身的肌肉温度都上升后再正式开始运动。

先慢跑5~15分钟来热身

促进全身血液循环

慢跑是可以调动全身的、强度较低的运动，会给肌肉施加一定的刺激，以此提高肌肉温度。同时，还可以促进全身的血液循环，使体温上升。

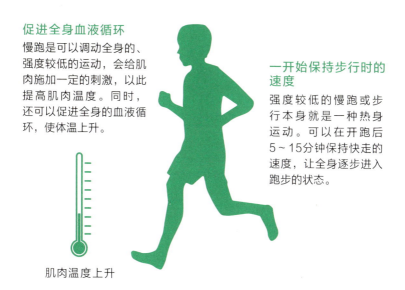

肌肉温度上升

一开始保持步行时的速度

强度较低的慢跑或步行本身就是一种热身运动。可以在开跑后5~15分钟保持快走的速度，让全身逐步进入跑步的状态。

热身运动时的理想心率

热身运动时目标心率的计算方法

（220-年龄-静息心率）×0.5
+静息心率
=热身运动时的心率（次/分）

例如：静息心率为70次/分的30岁的人，

热身运动时的心率=（220-30-70）×0.5+70=130

因此，热身运动时的理想心率为130次/分。

每个人跑步时都会感到吃力，开跑后须忍耐10分钟

开跑后忍耐10分钟，跑2～3 km后就会变轻松

　　运动大致分为两种，一种是像肌肉训练一样需要瞬间爆发巨大力量的无氧运动，另一种是像跑步一样需要长时间、长距离处于运动状态的有氧运动。人在进行有氧运动时，会在运动的同时持续不断地将氧气呼入体内，并将其转化为能量，因此称为"有氧运动"。

　　那么，为什么跑步时呼吸会变得有些困难呢？这是因为刚开跑时运动强度骤然变大，原先供应的能量已不足以支撑运动，身体会出现能量不足的症状。而为了供应更多的能量，人体就需要呼入大量的氧气，于是呼吸就会变得有些困难。但在跑步时这种吃力的感觉不会一直持续下去。等到我们呼入的氧气能够满足运动强度的需求，并与运送氧气的血液之间建立起平衡时，这种吃力的感觉就会慢慢消失，用不了多久跑步就会变得轻松很多。

　　虽然存在个体差异，但一般来说，吃力感只会在开跑后持续10分钟左右。只要克服这个困难，之后我们的呼吸就会越来越顺畅，跑2～3 km后这种呼吸不畅的感觉就会完全消失。

氧气、血液与运动量的供给平衡

开跑后

吃力

```
        能量不足
       ↗        ↘
呼吸困难、  ←   氧气、血液
心率上升        供给不足
```

开跑时运动强度骤然变大，身体一时难以应对，血液和氧气的供应量无法满足运动需要。因此，呼吸会变得急促，心率也会突然上升。

约10分钟后

轻松

```
       能量供给稳定
       ↗        ↘
呼吸和心   ←   氧气、血液
率稳定         供给充足
```

当身体适应了运动强度，氧气和血液的供给量逐渐上升时，全身的能量不足问题得以消除。呼吸会慢慢变得轻松起来。

太过勉强自己，反而会阻碍脂肪的消耗

长距离慢跑，更容易消耗脂肪

人体主要通过消耗糖类和脂肪来产生维持生存的能量。这两大能量来源的性质截然相反，我们可以利用两者不同的性质，根据运动对身体产生的负荷大小，适时调节能量的消耗比例。

糖类是一种转化效率很高的能量来源，能够在短时间内转化为巨大的能量。但由于体内糖类的储存量较少，不太适合在跑步等需要长时间消耗能量的运动中作为能量来源。而多用于短跑或肌肉训练等需要瞬间爆发力的运动。

脂肪在转化为能量时，比糖类所需的时间稍长些，但它的一大优点就是在体内的储存量非常高。即便跑40~50 km，也不会将身体中的脂肪耗尽。我建议想靠运动来瘦身的人，可以进行持续时间较长、强度较低的慢跑。这样会有效提高脂肪的消耗比例。有些人为了消除肚腩会去做只针对腹肌的锻炼，或过分勉强自己提速跑步，这样反而会提高糖类的消耗比例，并阻碍脂肪的消耗。而且，抑制糖类消耗的同时有效利用脂肪，也是保证以稳定的速度跑完长距离跑程的关键所在。

运动强度不同，主要能量来源也不同

高强度运动

肌肉训练等高强度运动会优先消耗糖类

在进行肌肉锻炼或短跑等高强度运动时，会优先消耗短时间内能产生巨大能量的糖类。

低强度运动

持续进行低强度运动时，脂肪的消耗比例就会随之上升

长时间进行慢跑等强度较低的运动时，源源不断产生能量的脂肪的消耗比例就会上升。

以稍感吃力的速度跑步，有利于减重

多大的运动强度更有利于脂肪的有效燃烧？

如果运动是为了瘦身，太过勉强自己也许会适得其反。那么，具体多少的运动量才能促进更多脂肪的燃烧，并且更适合人们瘦身呢？

每个人的运动习惯和体力不同，适合的运动强度也不相同。虽说无法明确"以某个速度跑某个距离"，但一般来说，当你感到稍微有点吃力时，就是最佳速度。如果运动是为了瘦身，那么能够轻松跑下去的运动强度肯定不够，无法有效地消耗脂肪。如果能在此基础上提升速度，脂肪的消耗量就会大幅增加。

有一个测算公式可以算出适合自己当前身体状况的运动强度，这种计算方法叫"卡尔沃宁方法"，以你的年龄和静息心率为基准，可以算出运动时的目标心率。公式如下一页所示，可以得出上限和下限两个目标心率。以在此心率范围内的速度跑步时，其运动强度就能有效促进脂肪燃烧。近几年流行的智能手表可以在运动时测量心率，想要在运动时监测心率的朋友，可以购买这类产品辅助运动。

更易燃烧脂肪的运动强度的计算方法

卡尔沃宁方法测量目标心率

（220−年龄−静息心率）×运动强度※
+静息心率
= 适合脂肪燃烧的心率（次/分）

※运动强度有下限（0.6）和上限（0.8）两个值，可分别代入计算。

例如：静息心率为70次/分的30岁的人，

目标心率下限：(220−30−70)×0.6+70=142

目标心率上限：(220−30−70)×0.8+70=166

因此，这个人更易脂肪燃烧的心率为142~166次/分。

运动手表可以很好地测量和管理运动心率

使用智能手表和与之互联的手机应用程序可以很好地辅助人们运动。比如，我们可以将手表设置成"超过目标心率"就会震动的状态。

跑步姿势中最重要的是"身体轴心"和"着地方式"

无须效仿别人，跑起来最舒服的姿势才适合自己

人们无须太过在意跑步时的姿势。一般来说，效仿别人的姿势，或强迫自己矫正姿势，用一种看上去不太协调的姿势跑步，远远没有以自然的姿势跑步效果好。下面我将总结几点注意事项，可以帮助大家有意识地调整身体的形态，从而减轻不必要的负担，并提升跑步效果。

首先是身体轴心。跑步时人要向前移动，因此最理想的姿势莫过于重心朝着前进的方向稍微倾斜。大部分人在跑步时会自然而然地形成这种姿势。但也有少数人会将重心后移，凸出腰或肚子，或过分前倾，反而含胸驼背。身体前倾并不是弓起背，而是要保持身体轴心直立，并整体微微前倾。

其次是着地方式。跑步时一般是脚后跟先着地，但也有很多人用力过猛，反而会以脚尖上翘、脚后跟撞击地面的姿势落地。脚后跟着地时，一定要保持脚掌正中抓地的状态，以这样的方式跑步会更轻松。

提高跑步效率的注意事项

身体轴心微微前倾

跑步时也要始终保持身体轴心的直立，然后重心朝前进方向微微前倾。这样可以减少对腿和腰部不必要的负担，并提高跑步效率。

注意不要驼背!

前倾和驼背的姿势截然不同。一定要保持从头到腰的身体轴心的直立状态。

用脚掌正中着地

跑步用力过猛时，脚尖会上翘，并且使脚后跟撞击地面，这样容易导致膝盖或小腿肚疼痛。因此，虽说理论上是用脚后跟着地，但一定要保持脚掌正中也就是足弓抓地的姿势。

刚开始跑就感到疼痛？疼痛的部位和原因是什么

不太适应跑步的新手容易感到腿部疼痛

刚加入跑步队伍没几天的新手和隔了几天没跑步的人，经常会在刚开跑时感到腿部疼痛。一般来说，慢跑或步行的运动负荷较小，但一个平时没有运动习惯的人，如果没做任何准备，马上就开始跑步，那身体自然会产生不适感。下面我来介绍一下刚开跑时跑者容易出现的身体不适症状。

第一种是髂胫束摩擦综合征，膝盖外侧会产生疼痛感。这种症状多见于臀部或骨盆周围肌肉僵硬的人，运动时连接这些部位的髂胫束被迫拉伸，与膝盖的髌骨摩擦时就会让人产生疼痛感。

直接承受着地时冲击力的脚掌和脚背也很容易产生疼痛感。比如，足底筋膜的弹性不足引起的炎症——足底筋膜炎，以及年轻人经常出现的中足骨和足舟骨的疲劳骨折都是由过度运动引发的。

此外，新手跑者容易出现的身体损伤还包括：由小腿肌肉僵硬导致的胫前疼痛，以及短跑运动员等需要用力蹬地的跑者，容易出现跟腱炎。从下一页开始，我将详细介绍每一种症状以及应对方法。

症状与原因

原因在于臀大肌或阔筋膜张肌的柔韧性不足。连接这些部位的髂胫束被迫拉伸，与膝盖外侧的髌骨摩擦时就会产生炎症。

应对方法

坚持做第1章介绍过的骨盆、臀部和股关节等部位的拉伸运动，可以缓解髂胫束的紧张感，从而减轻症状。

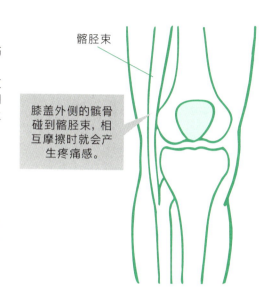

髂胫束

膝盖外侧的髌骨碰到髂胫束，相互摩擦时就会产生疼痛感。

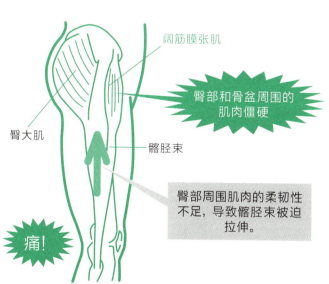

阔筋膜张肌

臀部和骨盆周围的肌肉僵硬

臀大肌

髂胫束

臀部周围肌肉的柔韧性不足，导致髂胫束被迫拉伸。

痛！

117

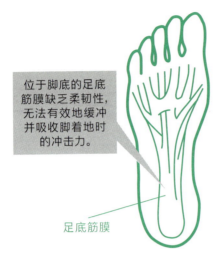

位于脚底的足底筋膜缺乏柔韧性，无法有效地缓冲并吸收脚着地时的冲击力。

足底筋膜

症状与原因

足底筋膜僵硬，无法很好地吸收脚着地时的冲击力。每次着地时足底筋膜都会被迫向前后拉伸，从而导致炎症发生，并伴随疼痛感。

应对方法

每天坚持做第49页介绍的足底拉伸运动。消除足底筋膜的僵硬感后，疼痛自然就会缓解。如果炎症是由过度运动导致的，则需要适当降低运动强度和频率。

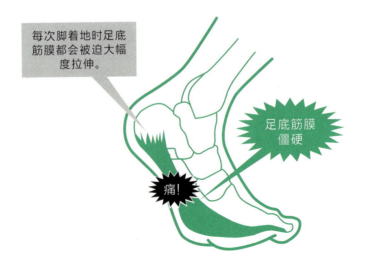

每次脚着地时足底筋膜都会被迫大幅度拉伸。

足底筋膜僵硬

痛！

118

症状与原因

损伤原因：小腿肚、小腿、脚掌的肌肉整体比较僵硬，无法有效地缓冲并吸收脚着地时的冲击力。有时疼痛沿着胫骨的方向蔓延，且久久难消。

应对方法

引起损伤的肌肉僵硬感消除后，症状慢慢就会得到缓解。建议每天坚持进行第1章介绍的拉伸运动和柔韧性运动。

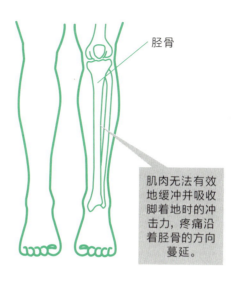

胫骨

肌肉无法有效地缓冲并吸收脚着地时的冲击力，疼痛沿着胫骨的方向蔓延。

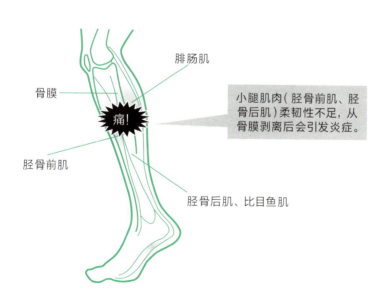

腓肠肌

骨膜

痛!

胫骨前肌

胫骨后肌、比目鱼肌

小腿肌肉(胫骨前肌、胫骨后肌)柔韧性不足，从骨膜剥离后会引发炎症。

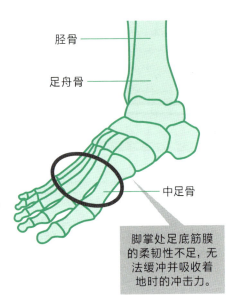

胫骨

足舟骨

中足骨

脚掌处足底筋膜的柔韧性不足，无法缓冲并吸收着地时的冲击力。

症状与原因

脚着地时的冲击等损伤反复出现，累积到一定程度，就会出现骨裂。主要原因是过度运动，但是否发病因人而异。

应对方法

疲劳骨折造成的骨折位移一般并不明显，但会有疼痛感。因此，有些人并没有意识到自己已经骨折了。这种情况要尽量避免过度运动，并及时到骨外科就诊检查。

损伤慢慢累积

着地时的冲击力

症状与原因

脚部用力蹬地时，会给跟腱造成过重的负担，从而引发炎症。特别是刚开跑时，从小腿肚下方到脚后跟处容易产生疼痛感。

应对方法

第46页介绍的针对小腿肚和脚腕的拉伸运动，可以在一定程度上预防跟腱炎。跟腱炎一旦发病，很有可能久病不愈，因此要及时暂停运动，专心进行治疗。

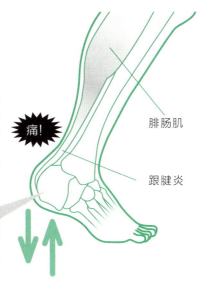

痛!

腓肠肌

跟腱炎

反复用力蹬地面，会增加跟腱的负担。

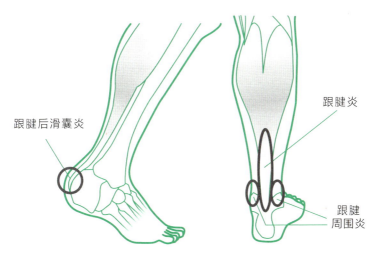

跟腱后滑囊炎

跟腱炎

跟腱周围炎

121

逐步增加跑步距离，体力增强后再跑长距离

感觉跑得比较轻松时，应适时增加跑步距离

　　如果你现在跑同样的距离，感觉比以前轻松很多，那就说明体力已经增强，这时就可以适时增加跑步距离了。但到底要增加多长的距离才更适合目前的体力呢？估计很多人都会有此疑惑。每个人跑步的距离、频率和目的各不相同，很难设定一个唯一的标准。不过，大致上来说，跑步新手每次增加的距离在1~2 km，而中级跑者在3 km左右。这样逐渐地增加跑步距离，让身体慢慢适应即可。增加跑步距离后，可每周跑2~3次，并坚持1个月。这时差不多就能比较轻松地跑完全程了。然后再继续增加距离、提高运动负荷。如此一来，逐步增加跑步距离，慢慢增强体力，之后进行长距离跑时就不会觉得太费劲了。

　　当你可以跑完较长的跑程时，一定注意不要每天都跑，最好隔几天再跑。这是因为很多时候在我们自己感觉到累之前，身体已经受到了持续的损伤，并逐步累积疲劳。在疲劳还未消除前强迫身体一直跑步很容易受伤。因此，特别是在刚增加跑程后的那段时间，每次跑步一定要间隔1~2天。

增加跑步距离不能随心所欲，要循序渐进

身体适应后再增加跑步距离，循环反复。

增加跑步距离时，不要一次增加得太多，要稍微留点余地。等到身体适应新的距离后，再增加一点距离，以逐渐增强体力。

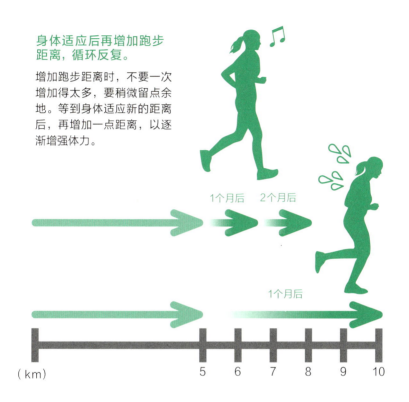

1个月后　2个月后

1个月后

（km）

5　6　7　8　9　10

跑步的日期要尽量隔开

在身体尚未适应新的跑步距离前，每周跑2次就足够了。2次跑步之间最好间隔2~3天。

切勿因为有段时间没跑步，就想连续跑几天，把之前没跑的补回来。

123

想要跑得远，臀部肌肉的强化训练必不可少

躯干好比盆栽，要加固花盆，而非花茎

如前文所述，我们在跑步时一定要保持身体轴心的稳定。也就是说，人们要加强躯干训练。不过，构成人体躯干的肌肉有很多块，一些进行接触性运动的人，比如足球运动员，需要的是加强支撑躯干最外侧的表层肌肉的强度。而跑步并非接触性运动，无须进行表层肌肉的加强训练，更重要的是在保证表层肌肉柔韧性的基础上，锻炼躯干内侧的深层肌肉，来稳固身体轴心。

我们可以把人体想象成一个盆栽。就如下一页图示，如果支撑植物的花盆不够稳固，即便费心加固盆栽的茎，也很难让植物一直稳定地生长。对躯干而言，骨盆相当于花盆，而支撑骨盆的就是臀部肌肉。也就是说，人们要想稳固身体轴心，一定要同时进行臀部肌肉的强化训练。我将从第126页开始介绍三种可以强化臀部肌肉的训练方法。大家可在跑步前进行这三种训练，每种训练分别做3组（1组为20次），每周坚持做3次。

加强臀部锻炼，稳固躯干

骨盆支撑着躯干！

如果把人体比作盆栽，躯干相当
于盆栽的茎，支撑躯干的骨盆相
当于花盆。要想加强躯干，就要
稳固躯干的基础——骨盆。

只锻炼躯干
（茎）效果欠佳。

加强躯干锻炼的同
时，也要使支撑躯
干的骨盆稳固。

如果支撑躯干的骨盆（花盆）
不够稳固，即便努力加固躯干
（茎），整体也难以稳定。

要想稳固骨盆，必须增强
构成骨盆基础的臀部的肌
肉力量。

三大臀部肌肉强化训练

强化臀大肌，跑步就会变轻松。

臀大肌包裹着整个臀部。锻炼这个部位，能够稳固骨盆，从而更好地支撑与臀大肌相连的躯干，并减少跑步中的身体错位。能够收紧臀部的提臀运动也有相同的效果。

臀大肌包裹着整个臀部，并支撑着躯干。

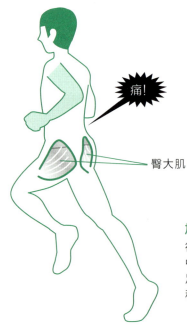

痛!

臀大肌

加强臀大肌的锻炼，缓解腰疼。

很多跑者都会出现腰疼的症状。其中一个原因就是臀部的肌肉力量不足。通过锻炼臀大肌，使跑步姿势稳固后，腰疼也会得到缓解。

28 天跑步打卡表

跑程	1	2	3	4	5	6	7	8	9	10	11	12	13	14
用时														
体重														
三围														

跑程	15	16	17	18	19	20	21	22	23	24	25	26	27	28
用时														
体重														
三围														

小跑步技巧 Tips!

- 同时规划短距离和长距离两种跑程，状态不好时可以选择短距离跑。
- 跑步前进行动态拉伸，跑步后进行静态拉伸。
- 跑步时注意评估自己的心率，掌握好跑步节奏。
- 不需要每天都跑，建议每周跑 2 次，2 次跑步之间隔 2 ~ 3 天。

—— 更多跑步技巧请参考《开始跑步吧》

翘起一侧腿，抬起上半身

仰躺在地面上，立起左侧膝盖。然后弯曲右腿，将右脚腕搭在左侧膝盖上。

自然张开两侧手臂，手掌平贴地面。

膝盖角度稍稍加大，脚稍远离臀部。

抬起臀部，至胸部到左膝盖呈一条直线。注意不要一下抬起臀部，而要默数4秒的同时慢慢抬起。然后再默数4秒，同时慢慢放下臀部。做20次这个动作后，换另一侧腿重复动作。

默数4秒的同时慢慢抬起臀部，直到胸部到膝盖呈一条直线。

脚掌推地面，并抬起上半身。

单腿上举,并抬起上半身

仰躺在地面上,立起右侧膝盖。上举左腿,与地面呈直角。

稍稍弯曲左侧膝盖。

注意!右脚与臀部不要离得太近,否则会导致膝盖疼痛。

保持左腿与地面垂直,默数4秒的同时慢慢抬起臀部,直到胸部到右膝盖呈一条直线。再默数4秒放下臀部。重复这组动作20次,再换另一侧腿重复动作。

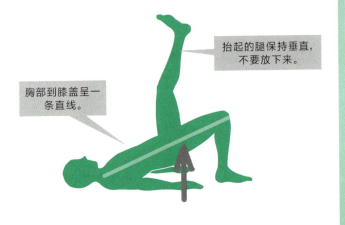

抬起的腿保持垂直,不要放下来。

胸部到膝盖呈一条直线。

128

脚尖上抬，并抬起上半身

这组动作的基本姿势与动作2相同。然后在动作2的基础上，抬起右脚脚尖，保持只有脚后跟着地的状态。

左侧膝盖稍稍弯曲。

右脚脚尖抬起。

牢牢地用右脚脚后跟撑地，支撑整个身体的重量，避免上半身摇晃。还有余力的话，可以将双手也上举至与地面垂直，进一步增加运动负荷。

支撑身体的脚与地面的接触面积越小，加在臀部的负荷越大。

胸部到膝盖呈一条直线。

一些实用的跑步辅助装备

辅助装备让跑步变得更快乐、更轻松

我相信只要大家坚持按照前文的方法跑上几个月以后，不仅跑程会不断增加，跑步也会逐渐成为一件使你快乐的事情。下面，我将介绍几种实用的跑步辅助装备，以供想要在跑步领域更上一层楼的朋友们参考。

首先，近几年我们可以在街上或者商店里看到具有各种功能的跑步紧身衣，它们不仅能够调节体温，还具有减少空气阻力、防紫外线、减轻衣服重量给身体造成的疲劳感、支撑人体关节和肌肉等功能。跑步新手可以不用一开始就购置高性能的紧身衣。不过对于跑步达人而言，紧身衣是必不可少的辅助装备。穿上紧身衣，一定会让跑步变得更轻松。

其次，可以帮助脚缓冲着地冲击力的鞋垫也是非常实用的装备。如果感觉跑鞋自带的鞋垫不合脚、减震性能不够好，或者容易弄湿和弄脏，不妨多备几双缓冲鞋垫。

此外，智能手表和一些手机应用程序已经逐渐成为跑者的必备装备。这些产品能够随时监测和记录我们跑步时的心率、跑步距离和速度等各种数据，还可以帮助我们回顾自己的进步，让我们更有动力继续跑下去。

⬇鞋垫

很多跑鞋的鞋垫都是可以穿脱的。若跑鞋自带的鞋垫不合脚、脏污或损耗严重时，建议更换新的缓冲鞋垫。

⬆功能性紧身衣

建议挑选速干性、保温性良好，并且具有防紫外线功能的跑步紧身衣。另外，新手跑者不需要穿可以支撑肌肉和关节的运动紧身衣。

方便监测心率和跑步距离的智能手表和手机应用程序

智能手表和一些手机应用程序可以将跑者的跑步情况以数据的形式呈现出来。不论价格高低，这些产品大多都可以监测跑者的跑步距离、时长和心率，是辅助跑步必不可少的装备之一。

步行和跑步相结合，增强运动耐力

跑步中途感到吃力时，可以改为步行，争取跑完10 km

我在前文说过，跑步距离要逐步增加。不过对于准备加入跑步队伍或刚跑步没多久的新手而言，这个标准可能有些模糊。因此，我在此具体介绍一下如何不断增强运动耐力，以便使你在刚开始跑步的2~3个月，争取跑完10 km。基本的方法就是"跑步中途感到吃力时，改为步行，等呼吸平稳后再继续跑"的"步行和跑步结合法"。将来立志参加各项跑步赛事的朋友，可供参考。

下一页展示的就是增强运动耐力的具体例子。第1个月每周跑2次，每次跑4 km，用时30分钟。坚持一个月，等到能轻松地跑完全程后，可以增加跑步的次数，然后尝试1次跑8 km，用时1小时。等到能轻松跑完新的路程后，一次性跑完10 km也就指日可待了。

还想更上一层楼的朋友，可以继续进行第3步。这是备战全程马拉松的跑者用来增强耐力的方法。大家可以继续增加跑步的距离，最终实现每次跑10 km、每周跑2次或者每次跑20 km、每周跑1次的目标，逐步提升。

首先从一个月跑30 km开始

第1步（第1个月）

周日	周一	周二	周三	周四	周五	周六
🏃 4 km	休	休	🏃 4 km	休	休	休

一个月的跑步距离 （4 km+4 km）×4周=32 km/月

第2步（第2—3个月）

周日	周一	周二	周三	周四	周五	周六
🏃 4 km	休	🏃 4 km	休	🏃 8 km	休	休

一个月的跑步距离 （4 km+4 km+8 km）×4周=64 km/月

第3步（3个月后）

周日	周一	周二	周三	周四	周五	周六
🏃 6 km	休	🏃 6 km	休	🏃 12 km	休	休

一个月的跑步距离 （6 km+6 km+12 km）×4周=96 km/月

如何锻炼才能跑得更远

进行LSD或配速跑，增强耐力

本篇主要介绍全程马拉松的训练，包括帮助大家努力跑完全程的耐力训练，以及增强心肺功能的速度训练。

不过，如果是正在备战马拉松的朋友，其实没有必要进行速度训练。一般来说，成绩在前20%的全程马拉松参赛选手能达到的"SUB4[1]"的配速为5分41秒/km。这与普通慢跑的速度差不多。因此，对于参赛目标只是跑完全程或SUB4以下的跑者，并不需要专门进行速度训练。相反，训练如何让自己不至于在跑完42 km前就筋疲力尽的耐力训练才是最重要的。

增强耐力基本的方法就是尽可能地跑更长的距离。其中，比较有效的训练法是下一页图示的LSD和配速跑。LSD要求跑者保持能够边跑边正常交谈的状态，连续慢跑2～3小时。这种训练法是耐力训练的初级阶段，比较容易实现，值得大家一试。坚持慢速跑后，身体会慢慢适应这种持续性运动，并达到增强耐力的效果。

---

1 "Sub-Four-Hours"的英文缩写，意思是在4小时以内跑完全程马拉松。

LSD和配速跑

LSD（Long Slow Distance）

这是一种长距离、慢速、持续性长的训练方法。保持能够边跑边正常交谈，说话时呼吸会稍微有些急促的状态持续慢跑。

连续跑2~3小时，跑完20~25 km。

配速跑

保持一定的速度跑完10~20 km的训练法。以跑马拉松的速度进行日常训练，可以逐渐培养速度感，也有助于增强耐力。

按照比赛的节奏跑完10~20 km。

目标SUB4以下无须专门进行速度训练

以平时慢跑的速度跑完马拉松，也是有可能实现SUB4的。不过还没有达到这个水平的跑者，需要优先进行耐力训练。坚持进行耐力训练，才能打造出跑长距离也不至于精疲力竭的身体。

4小时以上？

4小时以下？

全程马拉松对跑者肌肉的要求

肌肉分为爆发型和耐力型

短跑运动员的体型与马拉松跑者相比，两者的肌肉构成有明显不同。这是因为两种比赛对身体肌肉的要求各不相同。

人体肌肉大致分为两种：瞬间爆发力超好的爆发型肌肉——快肌，适合长时间保持运动状态的耐力型肌肉——慢肌。对于大多数人来说，身上快肌和慢肌的比例与生俱来便各占一半，即便进行长期的训练，也很难很大地改变这个比例。而且，慢肌的特性决定了它不会因锻炼而变得非常粗壮。或许有些朋友会问：那耐力训练的意义在哪里呢？实际上，耐力训练是为了增强快肌的耐力而进行的训练。

快肌原本属于爆发型肌肉，但如果长时间进行LSD这类低负荷运动，肌肉的耐力就会不断增强，并转化为同时兼具快肌和慢肌特性的中和肌。于是，本来不具备耐力的快肌在具备耐力后，就能打造出可以让跑者跑完全程马拉松的身体素质。此外，快肌又称白肌，其肌浆中的肌红蛋白及线粒体较少，呈淡红色；而慢肌中的肌浆丰富，肌红蛋白含量较多，所以呈红色。但当快肌转化为中和肌后，其颜色则会变为粉红色。

长时间进行低负荷的运动，能够增强肌肉的耐力

肌肉的种类和比例

如下图所示，肌肉分为快肌和慢肌两种，
二者比例大概是1：1。在外界因素的影响
下，两者的比例也不会发生很大改变。

无论如何锻炼，两种肌肉的
比例都不会发生很大改变。

快肌（爆发型肌肉）
瞬间爆发出巨大力量。

慢肌（耐力型肌肉）
可以长时间持续运动。

持续进行低负荷的
运动后,转化为……

中和肌（爆发型+耐力型）
兼具快肌和慢肌两者功能。

如何应对街道跑步无法避开的坡道

坡道是所有跑者的共同难题

平时在街道上跑步的朋友，难免碰到无法避开的坡道。突然出现的上下坡不仅会打乱人们跑步的节奏，而且还会使很多人的大腿出现胀痛，甚至喘不上气来的状况。让人最意想不到的是，就连很多跑步达人也不太擅长跑坡道。下面我来介绍一下如何跑才能克服坡道这个难题。

要想轻松跑过坡道，关键在于找准适合坡道跑步的姿势。如果跑坡道时用的姿势和在平坦路面跑步时的一样，或者因中途精疲力竭而无法保持正确的跑步姿势，不仅会白白消耗你的耐力，还会增加身体负荷，最终导致受伤。坡道跑步的基本姿势可以参照下一页的图示。特别是跑上坡路时，要将视线放在前方几米开外，注意下巴不要抬得太高，步幅要小，有意识地将身体重心前倾，来带动双腿前进，而不是完全依靠脚力。这样就能轻松跑上坡路了。

到了跑下坡路时，身体会反射性地加速，跑步姿势容易后仰。因此，这时应和在平坦路面跑步的姿势一样，保持身体稍微前倾，步幅也要小，有意识地提高着地频率。此外，坡道越陡，越难以保持正确的跑步姿势，因此更需人们引起重视。

跑坡道的基本姿势

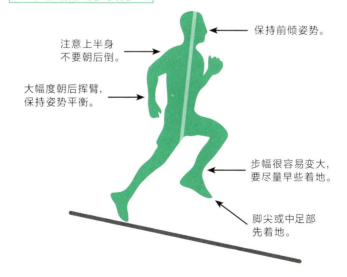

将视线放在前方
几米开外。

与在平坦路面跑步一样，
保持稍微前倾的姿势。

步幅要小，
不要太用力。

脚尖或中足部
先着地。

下坡路的跑步姿势

保持前倾姿势。

注意上半身
不要朝后倒。

大幅度朝后挥臂，
保持姿势平衡。

步幅很容易变大，
要尽量早些着地。

脚尖或中足部
先着地。

碳水化合物储备法也要适度

备战马拉松的正确饮食法

碳水化合物储备法是在马拉松运动员间很流行的一种备战饮食法。这种饮食法是指运动员在马拉松赛前一周，严格管理饮食，调整状态并储备能量。在这一周内，运动员需要摄取比平时更多的糖类，增加体内的糖原（肌肉活动的主要能量来源）储备量，从而避免在比赛中出现筋疲力尽的情况。这种饮食法曾受到广泛关注，但最新研究却表明，这种饮食法也存在弊端。虽说增加体内糖原储备本身对备赛是有效的，但如果过多地摄取糖类，容易降低骨骼肌的收缩力，甚至会引发胰岛素休克。

参赛目标设定为跑完全程马拉松的跑者，只需在比赛前一天和当天稍微多摄取一些碳水化合物，比赛当天就能起到很好的效果。比如，吃米饭时比平时多吃几口，把汤换成一小碗乌冬面，或者食用一份脂肪较少的饭后甜点。红豆年糕汤的主要成分就只有红豆、白砂糖和年糕，糖类占比很高，最适合做赛前的饭后甜点。

碳水化合物储备法的弊端

碳水化合物储备法会让人体血糖值上升，为了调节糖代谢，人体会大量分泌胰岛素，并伴随钾离子从毛细血管被运送到肌肉和其他身体组织。血液中的钾浓度如果过度降低，横膈和骨骼肌就会暂时失去收缩力，也就是所谓的胰岛素休克状态。有些人吃了汤圆、糯米团等含糖量很高的甜食后偶尔也会出现这样的症状。

碳水化合物摄取量的调节方法及应尽量少吃的食物

对于普通的马拉松跑者来说，比赛前一天吃饭时稍微多摄取一些碳水化合物，比赛当天就能达到很好的效果。此外，还要尽量少吃油腻、生冷以及高纤维素的食物。

●比赛前一天稍微多摄取一些碳水化合物。

●尽量少吃油腻、生冷以及高纤维素的食物。

可以提高跑步速度的科学姿势

高效的跑步姿势有助于跑出超水平的成绩

当大家坚持跑步一段时间，并且能够跑完较长的距离后，可能会出现新的问题。那就是只要一提速，就会非常吃力，不得不放弃提速。尤其是当跑者们已经决定要参加马拉松大赛，自然想要提高速度，不让自己被别的参赛者比下去。为此，我将在本节中介绍一下针对这种情况的跑步姿势，希望可以消除大家的烦恼，助力你取得好成绩。

我们在慢跑时，身体会自然而然地形成一定的跑步姿势，大家只要没有感到不适，就可以按照这个姿势继续跑下去。但有时这种自然形成的跑步姿势可能会给身体带来一定的阻力，影响跑步的速度与成绩。我在之前的章节反复强调过：跑步姿势中最需要重视的是躯干。有意识地稳定躯干位置，上半身微微前倾，并将重心保持在较高位置，手臂大幅度向后摆动，这样可以让身体更高效地运转，有助于跑出超水平的成绩。不过值得注意的是，如果我们有时太过在意跑步姿势，上半身太过用力，反而容易导致不必要的体力消耗。因此，当觉得自己太过用力时，要及时放松肩部以下的部位，晃动一下手臂，或大幅度转动一下肩膀，以卸掉多余的力道。

什么样的跑步姿势最高效、最省力？

省力的跑步姿势有助于跑出好成绩

如果能避免低效的身体活动和多余的力道，跑步成绩自然会上去。因此，只有掌握高效省力的跑步姿势，才能让你在比赛中超水平发挥。

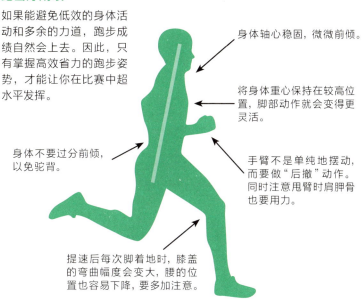

身体轴心稳固，微微前倾。

将身体重心保持在较高位置，脚部动作就会变得更灵活。

手臂不是单纯地摆动，而要做"后撤"动作。同时注意甩臂时肩胛骨也要用力。

身体不要过分前倾，以免驼背。

提速后每次脚着地时，膝盖的弯曲幅度会变大，腰的位置也容易下降，要多加注意。

进行间歇跑，增强心肺功能

要想通过训练达到提速的效果，可以采用间歇跑的方式。这种训练方法主要是指交替进行短距离的全速冲刺和调整呼吸的低强度慢跑，从而达到增强心肺功能的效果。

冲刺　　　慢跑　　　冲刺　　　慢跑

挑战半程马拉松，确定今后的努力方向

熟悉比赛氛围，掌握比赛要领

相信很多跑者一开始都是为了保持身体健康才加入慢跑的行列，但渐渐体会到了跑步的乐趣后，便想试着参加一下马拉松比赛。对于有这样想法的朋友，我建议不妨先去参加半程马拉松的赛事。

参加半程马拉松，主要是为了熟悉赛场氛围，并掌握比赛要领。身处选手云集的马拉松比赛现场，和平时独自一人在街上跑步的感受是截然不同的。相信不少人初次参赛都会一头雾水，光是在人山人海的会场上寻找接待处和更衣室就要费上一番功夫。

此外，半程马拉松跑程只有21 km，很多选手从一出发就拼命地往前跑。当我们被夹在人群中间跑步时，很容易受到周围人跑步节奏的干扰。因此，一定要冷静下来，保持好自己的节奏。而且，在跑步时要随时关注自己的身体状况，还有自己的耐力是否够用，身体有无异常以及能否按照平时训练时的要求跑下去。另外，还可以根据自己跑完之后的体力状况，来判断今后要在哪些方面下功夫。

跑半程马拉松的目的在于熟悉流程和预演

目的① 熟悉比赛氛围

马拉松比赛当天，参赛选手和相关人员众多，整个会场十分拥挤，入场接待处和卫生间也一定人满为患。初次参赛的人很容易被这种场面弄得手足无措，因此一定要提早入场。

大家都跑得好快！

目的② 保持自己的跑步节奏

半程马拉松只有全程马拉松一半的跑程。有很多选手从一出发就拼命地往前跑。因此，切忌被周围人打乱自己的跑步节奏。要记住自己参赛的目的是熟悉赛场氛围。因此，不管周围人跑得有多快，都无须焦虑。

目的③ 看看自己的体力能坚持多久

大家都不知道在比赛场上会发生什么突发状况。因此，比赛时一定要时刻关注自己当下的状态。跑完之后，还要根据自己的体力状况，评估目前的实力，并确定今后的努力方向。

我还能跑下去吗？耐力是否够用？

腿和腰疼吗？

补给品怎么解决？

迅速消除疲劳的关键在于提高睡眠质量

日常生活习惯决定睡眠质量

有些朋友认为自己已经具备了跑完全程马拉松的体力，可参加完半程马拉松后疲惫感却挥之不去。即便睡得很好，但起床时也觉得身体像灌了铅一样沉重。出现这些症状，可能是你的睡眠质量出了问题。

人在睡觉的时候身体会自动缓解疲劳，并修复运动造成的损伤。但是，身心失调或压力过大会导致人们睡眠质量变差或睡眠不足，疲劳难以得到及时缓解，甚至逐渐累积。

如果你觉得最近非常疲劳，那么在保证睡眠质量的同时也要调整饮食习惯。比如，习惯于晚饭后跑步的朋友，可以试着把跑步时间改为早晨。睡前充分放松身体，能够使副交感神经占主导，从而提高睡眠质量。因此，建议大家睡前尽量不要饮酒、泡水温过热的热水澡，并且要避免手机或游戏机的蓝光刺激。此外，身体消化油腻的食物需要更长的时间，如果临睡前吃这样的食物，你的消化系统都无法好好休息。因此，建议睡前3小时前吃完晚饭，如果晚饭菜肴比较油腻，更要在睡前4~5小时前吃完。

提高睡眠质量的生活习惯和饮食习惯

把跑步时间从晚上改为早晨

运动之后，人体的交感神经会占主导，大脑和身体处于兴奋状态。这样自然很难入睡，即便睡着，睡眠也很浅。因此，建议尽量不要睡前跑步。不妨把跑步时间从晚上改为早晨，晚上则要以非常放松的状态入睡。

改变睡前习惯

泡澡有放松身心的效果，睡前泡澡是很好的，但要注意泡澡时间不宜过长，水温也不要过高。同样的，饮酒或玩手机会让大脑和身体处于兴奋状态，因此，睡前最好避免这些活动。

晚上要控制脂肪摄取量

很多人喜欢在深夜吃拉面或零食，尽管时常产生罪恶感，却莫名吃得更香。不过，我还是建议大家不要在睡前这样吃。因为我们的身体消化脂肪含量高的食物所花费的时间很长，即便身体进入睡眠状态，你的消化系统也会因要继续进行消化吸收的工作而无法好好休息。

备战全程马拉松比赛

赛前有哪些禁忌?

当离期待已久的全程马拉松比赛只剩几天时间时,有的人会像参加考试的学生一样埋头苦练,不断逼迫自己。但跑步与学习不同,赛前临时抱佛脚并没有效果。我们不如在赛前一周做好健康管理,保证身体不会出现不适,心态平和地迎接比赛的到来。

尤其要重视饮食。虽说为了鼓励自己,吃些平时爱吃的食物也未尝不可。但这并不代表任何食物都适合入口。比如,生鱼片等生冷食物可能会引起食物中毒或细菌感染,大赛前几日尽量不要吃。还有,高咖啡因的咖啡、富含纤维素的薯类等容易引起腹痛的食物也要尽量避免摄入。

有不少人会购置新鞋或新衣服去参赛,但我并不建议大家这样做。穿着尚未习惯的鞋跑马拉松,非但跑不出平时的成绩,还有可能导致身体劳损。大家想要在比赛现场穿得更好看的心情我可以理解。但正因为重视比赛,才更应该将不稳定因素降至最低。因此,我还是建议大家穿习惯且舒适的衣服和鞋去参加比赛。

比赛前几天的禁忌

生冷食物

生鱼片和半生的肉类容易导致腹痛或细菌感染。容易腹泻的人尤其要引起重视。

咖啡

含咖啡因的饮品具有利尿作用。喝完之后容易想上厕所，尤其是比赛当天尽量不要喝。

薯类

薯类、根茎类和豆类食材可能会引起腹痛。临近比赛时尽量少吃。

长时间泡澡

比赛前切忌长时间泡澡。身体在浴缸中泡得太暖和了，比赛时体温会下降。

剪指甲

在马拉松比赛中，特别小的伤口或脚趾的不适等都有可能演变为令人难以忍受的疼痛。因此，临近比赛时尽量不要剪指甲。

穿新衣服新鞋

新买的衣服和鞋子可能会使皮肤不适或者磨脚。一定要穿平时穿惯了的装备参加比赛。

马拉松比赛时体力不支的原因

马拉松比赛当天容易出现的意想不到的问题

我在前文介绍备战半程马拉松的注意事项时曾说，正式比赛与平常训练相比，无论是现场的氛围还是跑步人数都截然不同。但即便清楚这一点，人们真正到了现场还是很难保持平常心。因此，我建议比赛当天提早进入会场，在比赛前将心态调整好。

开始比赛后，最重要的一点就是要按照自己既定的速度，沉着稳定地跑下去。特别是刚开跑时，很多选手混杂在一起，很难按照自己的速度跑，很多人这时会感到焦躁。但其实过不了多久，选手们就会各自分散开，自己的步伐也会逐渐稳定下来。因此，开跑后一定要保持耐心。

此外，比赛现场特有的热烈气氛会让有些跑者产生错觉，认为"我今天状态相当好"，因而用远超自己预期的速度飞奔向前。这是绝对不正确的。在马拉松界有一句名言："全程马拉松省不下时间。"也就是说，不管前半程节省多少时间，最终都会在后半程把时间还回去。全程马拉松跑程漫长，在此期间，随着比赛的进行或身体状况的变化，总会有几个时刻让身心产生波动。因此，不因这些变化而喜忧，时刻保持清醒的头脑，按照自己既定的速度跑下去，才是最重要的。

全程马拉松省不下时间

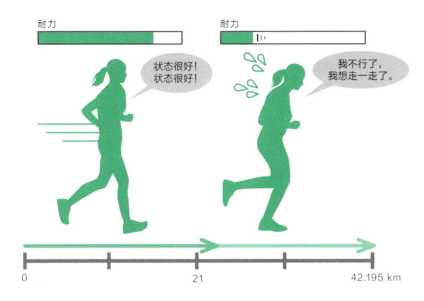

有时刚开跑后会觉得"我的状态比平时还要好""跑起来好轻松啊",于是就会随心所欲地提速。这是不正确的。不管状态多好,最后的跑步成绩不可能超过自己原有的实力。如果勉强提速,不良影响一定会在后半程显现出来。

补充水和食物,充分补充能量

全程马拉松不可或缺的一环

全程马拉松跑程漫长,一定要在中途补充能量。不仅要在补给站补充,自己随身也可以带一些补给食物。

享受跑步的过程比什么都重要

身体不适时，要有适时放弃的勇气

当你冲过全程马拉松的终点时，你会是什么样的心情呢？你一定会被一种难以言表的、在日常生活中无法体会到的极大成就感所包围。稳扎稳打地坚持训练，并在比赛时拼尽全力的这种充实感一定会成为你人生中最宝贵的财富之一。但这并不意味着跑步的终结。已经实现的目标也是向下一个目标迈进的起点。大家可以继续以缩短比赛用时、参加其他重要赛事等为新目标，来激励自己在跑步的道路上不断前进。

但太过看重目标，在跑步时过分勉强自己，不顾身体的疼痛和不适，也是非常不可取的。特别是在跑步过程中出现的身体不适，很有可能会导致身体受伤或劳损，甚至有可能引发重大疾病。即便是在比赛中，我们只要感觉到身心异常，一定要有适时放弃的勇气。中途放弃并不是一件丢脸的事情。因为最重要的并不是所谓的记录或成绩，而是享受跑步过程的心情。

无论何时，切勿勉强自己和过分忍耐

导致身体受伤或劳损

在马拉松等长距离跑的比赛中，即便是很小的不适，也有可能导致身体劳损。若忍耐着坚持跑下去，最终会变成强烈的痛感，因此，过分忍耐也是一大禁忌。特别是有旧伤的人更应多加重视。比赛时如果旧伤处有痛感，一定要马上停止跑步。

身心异常与不适

马拉松比赛或跑步主要在室外进行，容易受到现场状况或气候的影响。如果我们跑步时出现头疼、恶心、眩晕或异常出汗等症状，一定要停下脚步观察身体状况。如果过了几分钟症状还未缓解，要及时向周围人寻求帮助。

情绪低落

有时跑着跑着会突然感到泄气。如果怀着这样的心情跑下去，只会让自己越来越痛苦。因此，没有必要勉强自己坚持跑完。不如换个心情，等自己恢复精神后再备战下次比赛。

跑步最适合解决人们缺乏锻炼的问题

攻克"30 km难关"不是梦

所谓"30 km难关"是指马拉松选手在跑到30 km左右时呼吸会变困难，跑步速度也会大幅下降，或很难再迈开腿，不得不中途放弃。有些人有过这种经历，也有些人未曾体验过。就我个人而言，我也曾有一段时间，只要一跑到30 km开外，就会觉得特别吃力。因此，对于这种经历我能感同身受。

但30 km毕竟是一个很长的距离，感到吃力也是很正常的。我一直在说"全程马拉松省不下时间"。因此，感到吃力很可能是因为在30 km之前的跑程中设定的速度比较快，使人早早失去了耐力，或是因为之前日常训练的距离还远远不够。

觉得"腿上还有力气继续跑，但呼吸已经支撑不下去"的朋友，则是因为心肺功能比较弱。建议每周进行1次锻炼心肺、提高速度的间歇跑（第143页）。相反的，觉得

"呼吸还算顺畅，但腿上已经没力气了"的朋友，则是因为肌肉耐力不足，建议去强化能够助力长距离跑的LSD和配速跑（第134页）。

选择跑步很正确

不过话又说回来，正在读这本书的朋友肯定不是每个人都想将来去参加全程马拉松比赛的。我想大部分人是因为必须锻炼身体才开始阅读这本书的。大家可能会有多种多样的理由，比如，觉得自己需要运动、不太满意自己的身材、预防生活方式病、体检时被医生告知缺少锻炼……于是才在众多运动项目中选择了跑步。

但不管是什么理由，主要目的不外乎以下四点：让身体消耗更多能量、增强肌肉力量、刺激并强健骨骼、让关节适度活动起来。而跑步可以达成所有这些目标。

我经常听到身边的人说："医生让我多锻炼一下身体，所以最近我开始练瑜伽或做一些拉伸运动了。"不过大家选择的这两种运动方式可能并不符合医生所谓的"多锻炼一下身体"的标准，因为这些运动并不能完全达到上述四点效果。瑜伽是一项能够让人放松身心的运动，但它消耗的能量较少，很难增强人的肌肉力量和心肺功能。

跑步时不要勉强自己，而要享受这一过程

虽说跑步是正确的选择，但毕竟跑步属于一项强度较高的运动，一旦训练方法出错，很容易使人受伤。因此，我在第1章中就提到，建议先从步行开始，然后再过渡到慢跑、跑步，循序渐进。

可能有些朋友会想："我说不定什么时候就放弃跑步了呢。"但我希望大家可以把跑步当作一件要毕生坚持的事情。无须特殊对待跑步，而是把它当成和起床后要洗脸刷牙一样的事情，当作生活习惯的一部分。这才是跑步的最佳状态。

因此，我在这本书中一直想强调一个观点，那就是"不要对跑步失去兴趣"。勉强自己坚持只会越来越讨厌跑步，倒不如享受跑步的过程，让自己始终保持想要继续跑下去的意愿。比如，外面雨一直下个不停，这时如果不想跑步的话，就对自己说"天气都告诉我今天不用跑了"，然后休息一天。平时我自己就是这样做的。

实际上，我也曾有一段时间对跑步产生了厌烦情绪。当时，我在备战全程马拉松，速度已经快达到SUB3[1]。为

---

1 "Sub-Three-Hours"的英文缩写，意思是在 3 小时以内跑完全程马拉松。

了实现这个目标，我开始了速度训练。但训练过程非常艰苦，我渐渐开始厌恶跑步，根本不愿再迈开腿，完全体会不到跑步的快乐了。明明我跑步的初衷是为了缓解压力、换换心情，可现在却很讨厌它，一点儿都不想再跑了。

不过，后来我经过深刻反思，明白了一个道理：现在这种状态与我原本的目的完全背道而驰。于是我放弃了冲刺SUB3。因为我本身很喜欢跑长距离，便开始尝试极限马拉松[1]，并从中再次体会到了跑步的快乐。

寻找到让自己快乐的事情

在跑步中什么事情会让你感到快乐？相信每个人的答案都不相同。有的人跑得更远会开心不已；有的人跑步用时缩短会万分欣喜；还有些人每天只跑3 km，但只要和同伴一起就会感到快乐。

拿我自己举个例子，我在进行LSD训练时，不太喜欢没有目的地、只是尽可能地跑远再折返的方式。于是，我给自己定了一个能让自己乐在其中的目标：那边有一家新开的咖啡馆，我要去那里喝一杯咖啡再回来。

1　跑程超过全程马拉松的长跑运动竞赛。分为100 km跑或24小时跑等赛事。

正如我多次提到的，要想坚持跑下去，一定要以一种能让自己乐在其中的方式去跑步。因此，不要制订很难实现的目标，也不要过分勉强自己。

各位好不容易才找到跑步这种极好的锻炼方式，如果半途而废的话实在有些可惜。

我衷心地祝愿，读过这本书后，大家能把跑步作为自己毕生的爱好，并永远乐在其中！

快读·慢活®

从出生到少女，到女人，再到成为妈妈，养育下一代，女性在每一个重要时期都需要知识、勇气与独立思考的能力。

"快读·慢活®"致力于陪伴女性终身成长，帮助新一代中国女性成长为更好的自己。从生活到职场，从美容护肤、运动健康到育儿、家庭教育、婚姻等各个维度，为中国女性提供全方位的知识支持，让生活更有趣，让育儿更轻松，让家庭生活更美好。